持続都市建築システム学シリーズ

世代間建築

松藤泰典 著

技報堂出版

まえがき

　本書は，大学における建築系学科の教科書として執筆したものです。世代間建築デザイン，あるいは，世代間建築論と呼ばれる学科目で使われます。学部および大学院におけるこれらの学科目は，九州大学21世紀COEプログラム「循環型住空間システムの構築」で生まれた新しい学問体系のおおまかな枠組みについて講義されます。本書では，講義回数14回を想定しています。

　本書は，プログラムの成果「持続都市建築システム学シリーズ」の一部を構成します。シリーズを通して持続都市建築システムの専門技術者になって頂くわけですが，本書では専門的なビジネススキルに関しては，環境会計や財務諸表などの限定的なメニューになっています。

　本書の目的は，結論的にいいますと，「持続可能(Sustainable)」という21世紀COEのテーマを，建築における"持続可能な消費(Sustainable Consumption)"のプログラムとして示すことにあります。

　「世代間建築」は，その"持続可能な消費"のプログラムを実施することによって実現します。プログラムが創り出す建築空間の豊かさが次世代に継承する価値です。

　生活必要手段の物質的な充足の程度，および，それによってもたらされる精神的・肉体的に満足できる生活状態の程度を豊かさといいます（社会学小辞典，有斐閣）。

　豊かさは，人によって，地域あるいは社会によって，また時代の変化によって変わりますが，何れにしても，豊かさを実現する"場"が必要です。

　空間という"場"をデザインし提供するのが建築の役割です。もちろん，"場"を時間的に維持することも建築の責任です。

　とりわけ，建築について，その耐久性と耐震性を確保することは，先ず，今，ここにいるわたしたちに対して安全と安心を与えると同時に，多くは会わないであろう未来の世代に対する責任でもあります。このような視点に立つ考え方が世代間倫理で，この考え方に基づく建築が世代間建築です。

　世代間建築は，現在の自分に加えて，将来の子孫のために現在の選択を制限します。幸いなことに，世代間倫理は，行動経済学の双曲割引理論を用いて経済的

な合理性を主張することができます。双曲割引というのは，将来の満足に対する期待の評価が，その将来がどの程度先かという時間の関数として双曲線の形で低下するところから，そのように呼ばれるもので，計画実行の直前になると抑制が効かなくなって，目の前の満足度が高いものから前倒しに選択されて，面倒な計画は先延ばしにされることをいいます。

例えば，返済や節約というのが面倒な計画で，次々と新しい買い物をするのが目の前の満足度が高いものに相当して，結局負債が膨らんでしまいます。行動経済学の双曲割引に対する知見が素晴らしいのは，将来の自分の行動をあらかじめ拘束しておくことで，このような双曲割引の弊害が緩和されるという点です。この束縛をコミットメントといい，何らかの方法で，コミットメントができれば，自分の満足水準が高められるだけでなく，将来のどの時点でも満足水準が改善されるというのです。

世代間建築で建築寿命を云々するのはナンセンスで，100年といえば100年ですし，200年といえば200年でなければなりません。それが可能な構造を用意しなければなりません。本書では，取り敢えず，100年を考えています。近未来の平均寿命の上限を100年として，その間に3世代を継承するという設定です。

世代間建築材料として，具体的には煉瓦に注目しています。煉瓦は，典型的なエネルギー多消費型の建材ですが，一方で，半永久的に使うことができます。化石燃料のエネルギーを煉瓦という形に変えて蓄えて，これを長期に亘って小出しに使うともいえます。この煉瓦をリユース性の高い構造に用いて，しかも，快適な住環境を実現できれば，わたしたちは生活を愉しむわけですし，煉瓦製造のエネルギーコストは，わたしたちが払いますから，将来の世代は，まったく負担することなく利用することができます。

イソップ童話のアリとキリギリスのアリのようですが，将来の子孫のための抑制的な選択が現在の自分自身の満足度も高めるのですから，この選択は合理的です。

行動経済学の「双曲割引」に即していえば，世代間建築は，そのコミットメントの手段を整備するものです。

世代間倫理で登場する第4のステークホルダー・未だ見ぬ世代について，付け加えますと，未だ見ぬ世代の本当の難しさは，その世代に，今，会えないことにあるのではないようです。例えば，今，あなたが20歳だとして，20年後の20歳世代は，今，あなたが20歳なので実感できるでしょう。が，20年後の40歳世代

は実感できますか。じつはあなた自身なのですが，いかがでしょう。……。ですから，世代間を考えるということは，自分自身と向き合うことでもあるように思えます。

　世代間建築というテーマは，さまざまなことを考えさせてくれるいいテーマです。

　とくに，これから建築を志しているあなたに，少しでも役に立つことを希望します。

2007年11月
松　藤　泰　典

目　　次

第1章　概　説 —————————————— 1

第2章　世代間建築構造 —————————— 7

2.1　循環技術のライフサイクル評価 ……………………… 7
2.1.1　循環技術　7
2.1.2　ライフサイクル評価　8

2.2　世代間建築としての循環技術評価 …………………… 11
2.2.1　ライフサイクル仮説　11
2.2.2　ダイナスティー仮説　12

2.3　従来の構造原理 ………………………………………… 13

2.4　リユース構造原理 ……………………………………… 14

2.5　分散型アンボンドプレストレス理論・DUP ………… 19
2.5.1　DUPの累加則の解析概要　19
2.5.2　解析モデル-1　20
2.5.3　解析モデル-2　22
2.5.4　解析結果と実験結果との比較　23

2.6　凌震構造設計 …………………………………………… 25
2.6.1　構成要素　25
2.6.2　構造設計　27

2.7　既存構造との比較 ……………………………………… 29

目次

- 2.8 凌震構造施工 ······ 32
  - 2.8.1 煉瓦組積前準備（基礎インサートおよびセルフレベリング） 32
  - 2.8.2 煉瓦組積・縦遣り方 33
  - 2.8.3 煉瓦組積・組積手順 34
  - 2.8.4 煉瓦組積・組積精度管理 36
  - 2.8.5 煉瓦組積・開口部 37
  - 2.8.6 煉瓦組積・床組 42
  - 2.8.7 煉瓦組積・屋根 43
  - 2.8.8 煉瓦組積・乾式煉瓦造におけるブリックベニア壁体構造 44
  - 2.8.9 外部建具 46

第3章 持続可能な消費とその構法 ―― 49

- 3.1 持続可能な消費の現実 ······ 49
- 3.2 環境性能評価手法 ······ 53
  - 3.2.1 環境評価の動向 54
  - 3.2.2 世界各国の環境性能評価手法 55
- 3.3 環境効率・BEE ······ 60
  - 3.3.1 定義 60
  - 3.3.2 課題 61
  - 3.3.3 CASBEEによる総合環境性能評価表示 61
  - 3.3.4 CASBEEによる評価のしくみ 62
- 3.4 マクロBEE ······ 64
  - 3.4.1 石油消費量基準マクロBEE 64
  - 3.4.2 CO_2排出量基準マクロBEE 66
- 3.5 マクロ評価Sクラス・スイスのエネルギー構成 ······ 67
- 3.6 持続可能なエネルギーの選択 ······ 68

3.6.1　各種電源のライフサイクルCO_2排出量　*68*
3.6.2　エネルギー利用比率・EPR　*68*
3.6.3　エネルギー資源の選択　*69*

3.7　D-BHS とその室内熱環境 …………………………………… *72*
3.7.1　D-BHS　*72*
3.7.2　室内熱環境　*74*
3.7.3　快適時間率　*76*

3.8　比較コストスタディ …………………………………………… *76*
3.8.1　学会モデルプランと基本仕様　*79*
3.8.2　プロジェクトモデルプランと基本仕様　*82*

第4章　スループット方程式 ── *87*

4.1　スループット方程式の構成 ………………………………… *87*

4.2　建築が実現できる "豊かさ" ………………………………… *89*
4.2.1　品確法とそのレーダーチャート　*91*
4.2.2　印象評定とそのレーダーチャート　*93*
4.2.3　豊かさの複素表示　*95*
4.2.4　ライフサイクルスループット・LCT　*96*

4.3　環境効率・BEE を変数としたスループット方程式 …………… *98*

第5章　環境負荷分析 ── *101*

5.1　スループット方程式のマトリックス表示 …………………… *101*

5.2　ライフサイクルマトリックスと数量分析 …………………… *101*

5.3 環境負荷マトリックス ･･･ 104

5.4 環境負荷要因 ･･ 107

5.5 環境負荷分析 ･･ 109

第6章 単体スループット・ΔT ──── 113

6.1 単体スループットの概念 ･････････････････････････････････････ 113

6.2 現時点評価額 ･･ 115

6.3 累積取得額 ･･ 117

6.4 単体スループットの算定 ･････････････････････････････････････ 118

6.5 バリアフリーメンテナンス ･･･････････････････････････････････ 121

    6.5.1 修繕工事　121

    6.5.2 メンテナンス込みの評価額　122

6.6 スループット方程式第1近似による環境性能評価 ････････････････ 123

    6.6.1 環境影響負荷の第1近似評価　123

    6.6.2 環境負荷指数（廃棄物）E_Wの第1近似解釈　124

    6.6.3 現時点評価額の第1近似解釈　125

    6.6.4 エネルギー政策の第1近似解釈　125

第7章 ビジネスモデルと財務諸表 ──── 127

7.1 ビジネスモデル ･･ 128

    7.1.1 単品生産型住宅の資材調達システム　129

    7.1.2 ビルダー・エージェント資材調達システム　130

7.2 予算管理 ……………………………………………………………………… 132
- 7.2.1 現金収支 *132*
- 7.2.2 経済性評価 *133*
- 7.2.3 財務マネジメント *138*
- 7.2.4 報奨金 *138*
- 7.2.5 投資 *138*
- 7.2.6 顧客優先 *139*

7.3 財務諸表 ……………………………………………………………………… 139

7.4 貸借対照表 …………………………………………………………………… 140
- 7.4.1 資産と負債・純資産 *141*
- 7.4.2 流動と固定 *141*
- 7.4.3 純資産の構成 *142*

7.5 損益計算書 …………………………………………………………………… 143
- 7.5.1 経常損益の部 *143*
- 7.5.2 特別損益の部 *144*
- 7.5.3 当期利益 *144*

7.6 貸借対照表と損益計算書の作成 …………………………………………… 144
- 7.6.1 貸借対照表・3月31日の作成 *145*
- 7.6.2 損益計算書・4月1日〜3月31日の作成 *145*
- 7.6.3 仕訳明細の作成 *146*
- 7.6.4 3月31日の貸借対照表様式の例 *146*
- 7.6.5 4月1日〜3月31日の損益計算書様式の例 *147*

第8章 世代間倫理と建築工務 ——— 149

8.1 建築契約 ……………………………………………………………………… 149
- 8.1.1 法令遵守 *149*
- 8.1.2 ステークホルダー *149*

8.1.3　設計業務　*150*
   8.1.4　工事契約　*152*

8.2　現場実務・積算・見積 …………………………………………………… *156*
   8.2.1　説明責任　*156*
   8.2.2　現場実務　*156*
   8.2.3　積算・見積　*157*

8.3　工程管理 ……………………………………………………………………… *161*
   8.3.1　倫理課題と技術課題　*161*
   8.3.2　セーフティキャパシティ　*162*
   8.3.3　工程表　*163*

8.4　建築災害工程管理 …………………………………………………………… *169*
   8.4.1　安全管理と危機管理　*169*
   8.4.2　工事工程の標準化　*170*
   8.4.3　木　造　*171*
   8.4.4　鉄骨造　*172*
   8.4.5　鉄筋コンクリート造　*173*
   8.4.6　SRC造　*175*

第1章 概　説

　1972年，ローマクラブが警告を発した「成長の限界」を機に生まれた概念が「持続可能性＝サステナビリティ（Sustainability）」である。

　地球は有限であるとの認識に立った脱石油エネルギー論，すなわち，我々は在来型の化石燃料，とくに，エネルギー密度の低い石炭に戻れるか，原子力エネルギーを許容できるか，自然エネルギー，あるいは太陽光発電，燃料電池などの新エネルギーは間に合うかといった議論を通して，持続可能性は，最初，「持続可能な成長（Sustainable Growth）」として政策提案される。

　工業産業経済は，大量生産・大量消費システムを構築し，いい製品を開発し，クレームが一切ないような集団製造組織のシステムを構築する。20世紀後半，我が国はそれに成功し，高度経済成長を体験する。同時に，大気汚染や化学物質汚染といった形で始まった公害問題は，地球温暖化という生態系をも含めた環境問題へと拡大する。

　1992年の国連環境開発会議，いわゆる地球サミットにおける国連気候変動枠組み条約の成立によって国際的に共有された認識が地球温暖化である。

　地球温暖化は，大気中の二酸化炭素CO_2が温室効果によって地球を温暖化するという認識に基づく。

　こうして，人類の持続可能（Sustainable）の可否は，環境問題が握っているとの認識から，「持続可能な発展（Sustainable Development）」のように使われ，エコロジカルな要請を表す。しかし，資源の制約から，持続可能な発展はありえないことが，ほとんどただちに，明らかになる。

　工業産業経済の「生産→消費」という一方的な時代から，「生産⇔消費」双方向の会話のできる時代への転換が模索されるが，企業は本質的に発展思考なので，消費を変えるしかないことになっていく。それが「持続可能な消費（Sustainable Consumption）」である。「持続可能な消費」は「持続可能」に関して，経済的な立場

第1章 概説

の「成長」とエコロジカルな要請である「発展」とを同時に満足するような定量解を求める。

企業は利益を生みながら成長・発展し，利益の極大化を目的とする。企業は，効率性と競争性を第一義とする。これを競争性原理という。競争性原理は，「効率が上がれば，コストが下がって競争力がつく → 競争力がつくとシェアが広がる → またコストが下がる → 結果，効率がよくなる……」と連鎖する。効率性と競争性とは，相乗効果を発揮して企業の最終目標である利益の極大化を実現していく。このような企業の際限のない拡大意欲の基盤を担ったのが科学である。

1999年，ブタペストの世界科学者会議は，人類にとって有益な知識のための科学，平和のための科学，開発のための科学といった目的を持った科学という概念をつくり出す。これらは総称して「社会のための科学」と呼ばれる。

こうして，科学研究者は自らを規定した。"科学のための科学"といわれるくらいに，科学者の一種知的遊戯とされ価値中立であった科学がこのとき価値目的を持ち，結果，倫理性を帯びる。

予防倫理は，工学倫理の基軸となる考え方で，工学倫理の目標を示す概念として，予防医学のアナロジーでつくられた。予防倫理は，深刻な事態が起こってしまってから，それをどうするか，誰が責任をとるかを扱うのではなく，あらかじめ回避して，また，問題が起こりかけている場合には，さらに事態が悪化しないように手当てして，責任を果たすことを目指す。"責任をとる"というのは，誰が責任をとるか，いってみれば，犯人探しになりがちだが，予防倫理でいう責任とは，"責任を果たす"ことで，状況の達成，あるいは，状況の維持を引き受けるという意味である。

工学倫理は，責任を果たすという具体的な目標を持つので，心構えや精神論を説くだけでは不十分で，技術者はこれを実践できる倫理能力を身に着けなければならない。

具体的な責任の対象がステークホルダー(利害関係者たち)で，予防倫理では次の3者をいう。

① コミュニティ(個人の属する共同体)
② クライアント(雇用者・顧客)
③ パブリック(公衆)

パブリックの入り口は，マスコミやインターネットなどのメディアである。

世代間倫理(Trans-generational Ethics)は，倫理的配慮をこれらの現在生存する人間に対してのみ適用するのではなく，将来の，おそらくは見ることがないであろうわたしたちの子孫たちにまで適用して，その前提に立って，現在のわたしたちの行動の評価と責任の検討とを行おうとする倫理的考慮である。

ハンムラビ法典(The Code of Hammurabi, BC2130-2088)を持ち出すまでもなく，建築は基本的に事後責任を問題とするから，建築の価値観は世代間倫理そのものである。この価値観をしっかり認識しようというのが世代間建築の立場である。

世代間建築は，世代間倫理に基礎を置いて，「豊かさ」を最大化し，環境負荷を最小化して，その差(＝スループット)の最大化を目指す。

地球環境を維持するということは，われわれの次世代への最大の責任であるが，現実の地球上には，たいへんな生活水準の格差が存在している。これを克服するには，低開発国は経済成長しなければならない。現在採りうる手段を用いている限り，開発を進めようとすると環境は劣化する。しかし，地球環境は維持しなければならない。ということで，環境を維持しようとすると，生活水準を下げるか，開発を停止しなければならないというジレンマに陥ってしまう。

これまでに行われている提案をまとめると，以下のようになる。

① 再生不能資源の利用は，最小化されなければならない。
② 再生不能資源は，物理的・機能的に同様の価値を持つ代替資源が再生可能資源としてつくられていく限りにおいて利用できる。
③ 再生可能資源は，再生されるより速く消費されてはならない。
④ 廃棄物は，環境が吸収できる量を超えて環境中に排出してはならない。
⑤ 人の生態系への介入の程度は，生態系の再生時間と調和しなければならない。
⑥ 資源消費のライフサイクルコスト・LCCは最小化されなければならない。
⑦ 企業と消費者は，価値観を共有しなければならない。

いまのところ，これらの問いに対する解は，成立する状況にはない。これをどのようにして成立する領域まで持って行くか，それを可能にするようにわれわれは，具体的な行動を選択しなければならない。

本書の構成は**図-1.1.1**のようにした。

生物圏の物質循環系を生態系という。生態系を意味する「エコシステム

第❶章 概 説

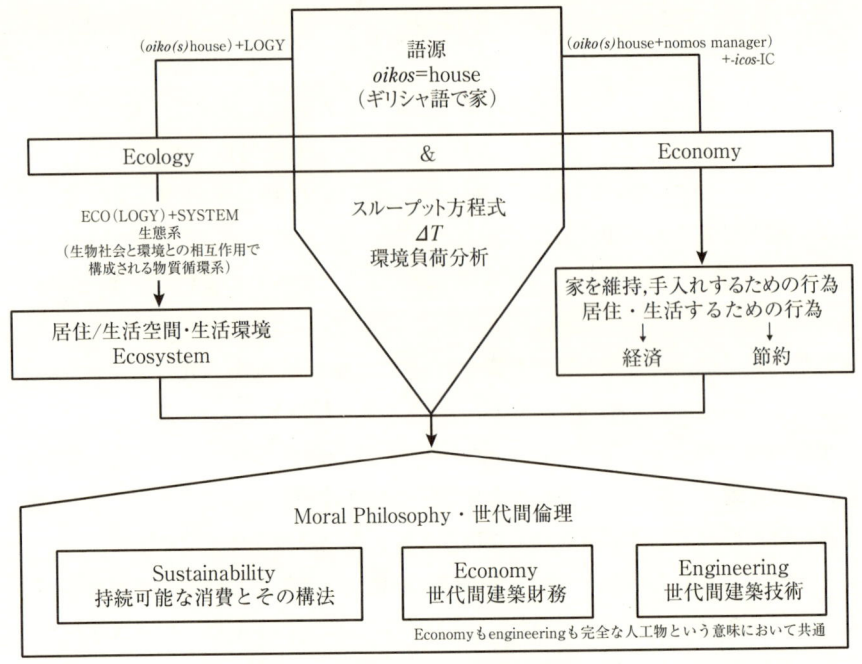

図-1.1.1 世代間建築の構成

(Ecosystem)」は，Eco(logy) + System から成り立っており，エコロジー(Ecology)は，居住空間，生活空間，生活環境を意味する。

　エコノミー(Economy)は，元来，家を維持する，あるいは居住する，生活するといった行為で，それから敷衍して，経済・節約・合理といった意味に使われる。

　図は，エコロジーとエコノミーが共にギリシャ語の「家」を意味する"oikos"を共通語源としているところからスタートする。

　居住，あるいは，生活の空間，すなわち，ハード面の「器」がエコロジーである。一方，家を維持する，あるいは居住する，生活するといった行為，いってみれば，ソフト面の「運用」が節約・経済を意味するエコノミーで，「持続可能な成長」と「持続可能な発展」とがハードとソフトとして一対のセットであるから，何れか一方のみを満足してよしするわけにはいかないという主張である。

　エコノミーは"家を維持・手入れするための行為"から経済，節約を意味する。経済の具体はマーケットである。また，節約は，如何に合理的であり得るかを目

的とし，これを実現するツールが技術あるいは工学である。ここに至って，環境と経済，および，技術・工学は同一平面に並ぶ。さらに，経済と技術・工学は，共に，知的活動が生み出した完全に非自然の人工物で，しかも，それ自体が成長あるいは開発されることのみを目的としている。また，共に倫理的価値において中立であるにもかかわらず，「善」の装いを見せる。例えば，無前提に，収入を得ることはいいことだ，新しい技術はいいことだ，というようなことである。

　本書の「世代間建築」は，「持続可能な消費」のプログラムを実行して豊かさを実現する"場"である。プログラム実施に際しての価値観を世代間倫理に置く。エコロジーとエコノミーを両立させるマネジメント関数として，スループット方程式，および，単体スループットを用意した。

　持続可能な消費という新しい概念に対するプロフェッショナルなスキルとしては，環境会計の実際を環境負荷分析で示した。財務諸表についての詳述は，金融経済制度の中で，世代間建築のビジネスモデルを検討する際の最小限のスキルにはなるだろう。

　世代間建築のために用意した新しい概念の凌震構造については，許容応力度法での構造計算過程を詳述した。

　21世紀COEプログラムには，エンジニアリングデザインについてのカリキュラムへの要請もある。それには，第2章「世代間建築構造」を用意した。エンジニアリングデザインのスタートはリユース構造である。要求事項の整理→基本原理の仮定→解析→実験による実証→構造設計と続いて，施工に到達する。第3章「持続可能な消費とその構法」も，環境効率・CASBEEからスタートして，マクロBEEの概念を誘導して，マクロBEEを用いて持続可能なエネルギーを選択する。実空間で室内熱環境を計測し，最後にコストスタディを行っている。少し異なった視点からのエンジニアリングデザインとして参考になるだろう。エネルギー資源と同様に食糧も有限資源になりつつある。このような手法で食糧と再生可能エネルギーとしてのバイオエタノールの可能性についても考察されることをお薦めする。

　世代間倫理については，第8章で，建築工務を対象として，法令遵守，説明責任，倫理課題と技術課題の違いなどを示した。建築工務としては，工事契約，設計業務，現場実務，積算・見積，工程管理などを対象とした。

　工程管理，災害工程管理では，工程管理自体をしっかり理解していただくこと

第1章 概説

はもちろん大切であるが，同時に，現場の全体を頭に入れて，つぎに何が起こるか，常に先を読む力を身につけることの重要性に気付いていただければ十分である。現実を経験しなければ身に染みて感じられない。そのようなあなたにはなっていただきたくない。

第2章 世代間建築構造

2.1 循環技術のライフサイクル評価

2.1.1 循環技術

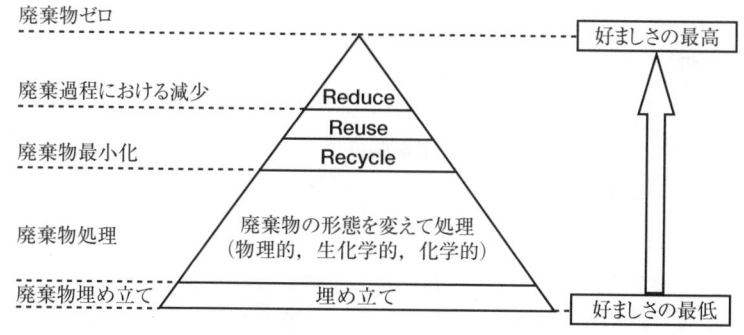

図-2.1.1 循環技術の階層性

リサイクル技術：Recycle（再生利用）。その対象が再利用若しくは再使用が可能である場合，新しい別の用途として再利用若しくは再使用されることが多く，そのために，新たに，エネルギー若しくはコストを付加的に必要とする場合に適用する。付加的に必要とするエネルギー若しくはコストの多少で評価する。

リユース技術：Reuse（再使用）。その対象が再利用若しくは再使用が可能である場合，そのままの形で，あるいは同じ用途に再利用若しくは再使用されることが多く，新たなエネルギー若しくはコストを必要としない場合に適用する。付加的に必要とするエネルギー若しくはコストがほとんど0で，リサイクルの上位概念技術。リユース循環は，LCE，$LCCO_2$，LCC の何れにおいても最も環境負荷を小さくできる。

リデュース技術： Reduce（発生抑制）。その対象が再利用若しくは再使用が可能である場合，これを回収してリフレッシュして，同じ形あるいは用途に供給される。リフレッシュの際に新たに，エネルギー若しくはコストを付加的に必要とするが，そのエネルギー若しくはコストは処女資源を用いた新製品よりも格段に小さい。新しい産業を興すことができる。リユースとは異なったリサイクルの上位概念を有する技術。リデュースは，建築物のライフサイクルの運用過程において実現する。極値は，リデュース・アングル＝0，すなわち，「ゼロエミッション」である。

リターン技術： Return（返却）。その対象を生態系に戻す技術。生態系との共生(Liveability together Ecosystem)。人が経済活動を続けることを前提に，地球への負荷を逓減する方法を探さなければならない。人も生態系の構成要素の一つに過ぎないという考え方，自然とそこに生きる人とを一体的にとらえるのは，東洋的自然観ではないかといわれるかも知れないが，人も環境の一部であることは否定できない現実である。

リターンについて，もう少し説明を続ける。仮に，"完全な Recycle/Reuse ＝ゼロエミッション"が完成したとしよう。その場合でも人類は新たな資源の利用を止めるわけにはいかない。ゼロエミッションでは排出しないのであるからエントロピーは増え続ける。つまり，排出はしなければならないのである。排出を容認するには，自然の生態系の熱収支，あるいは物質収支との間に均衡したサイクルを用意する必要がある。処女資源の利用を経済社会への IN とすれば，OUT が Return である。リターン技術では，リターンの対象が自然の生態系が受け取ることのできる「状態」であることを条件とする。

2.1.2 ライフサイクル評価

それぞれの循環技術についてライフサイクル評価を行う。

図-2.1.2 において，縦軸は評価軸で，LCC（ライフサイクルコスト），$LCCO_2$（ライフサイクル CO_2），および，LCE（ライフサイクルエネルギー）で構成する。

LCC（ライフサイクルコスト）　循環型経済社会をつくるためには，対象の「循環度」を比較する尺度や，あるいは，それぞれの技術がどれくらい循環型社会に適しているかを評価する尺度が必要で，その基本概念が LCC である。例えば，CO_2 を排出する製品があるとする。地球環境への負荷を考えれば，その CO_2 は

2.1 循環技術のライフサイクル評価

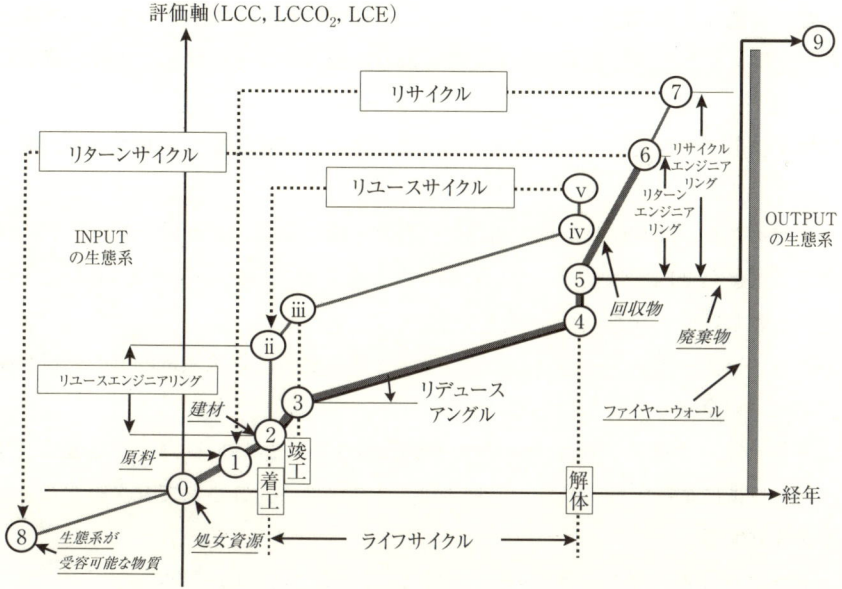

図-2.1.2 循環技術のライフサイクル評価

再固定化する必要がある。しかし，通常，この費用は製品の価格には反映されない。また，製品の寿命が尽きて，廃棄物として処理する際のコストも一般には考慮されていない。こうしたCO_2や廃棄コストなどの外部不経済を内部に取り込む，つまり，環境負荷とその除去を含めたコストがLCCである。

LCCO₂(ライフサイクルCO₂)　温室効果ガスCO_2の抑制評価指標である。ライフサイクルは未来に対する時間の関数である。これをLCC，すなわちコストで評価しようとするとき，将来における利率，為替レートの変動を確定できないので，LCCを計算できない。このようなとき，$LCCO_2$はLCCの説明変数として機能する。

LCE(ライフサイクルエネルギー)　エネルギー消費の抑制評価指標である。$LCCO_2$と同様にLCCの説明変数として機能する。

ライフタイム　図-2.1.2の横軸は，中央にライフタイム，両側に生態系をとる。原点は，生態系から産業経済社会に入ってくる処女資源である。図では，各マーク間は最も簡単な1次関数(直線)でつないでいるが，実際の関数形は検討して確定されなければならない。

第❷章 世代間建築構造

処女資源(0)は加工されて原料①となる。原料は建築に関する情報を付け加えられた建材②となって現場で組み立てられる。建築のライフサイクルは，着工して使用(③)→解体(④→⑤)までのライフタイムである。

リサイクルプロセス リサイクルのプロセスは，解体⑤後，リサイクル技術によって，処理され⑦，リサイクルされる。

リサイクルされた製品が他の用途に使われる場合には，リサイクルは，①には戻らず対象領域内では循環しない。開回路となるので，$LCCO_2$ あるいはLCEの計算が難しいかも知れない。

①→②→③→④→⑤→⑦→①のプロセスを辿る場合，対象領域内での循環が成立する。完全リサイクルである。

解体⑤後，生態系に戻すための処理が行われることがある。この処理は，リターン技術によって行われる。処理後は，生態系⑧へ還元されてリターンサイクルが成立する。

エコロジカル建築というとき，この範疇に含まれるものが多い。

リターンサイクル リターンサイクルでは，生態系へ還元される量あるいは成分が生態系の受容能力を越えてはならない。例えば，合板を例に取ると，森林資源の供給能力と使用後に解体処理される量とはバランスしなければならない。森林の生育期間と合板の使用時間をバランスさせるというのは一つの指標になる。また，リターンサイクルでは，処女資源として産業経済社会に再入するのであるから，新たに加工するために消費されるコストは，リターンサイクルのコストに含めてカウントされなければならない。

リサイクルおよびリターンサイクルは解体後⑤の処理プロセスであるから，これを静脈産業と呼ぶのは妥当である。

リユースサイクル リユースサイクルは，②→(ii)→(iii)→(iv)→(v)のプロセスを辿る。運用に入る前にReuseを可能にするシステムを組み込むのである。

②→(ii)にリユース技術が使われる。解体時のコスト((iv) → (v))は，そうでない場合のコスト(④→⑤)よりも高いかも知れないし，そうでないかも知れない。

いずれにしても，リユースサイクル，②→(ii)→(iii)→(v)→(vi)→(ii)と対象領域内で完全に循環する閉回路をつくり，2サイクル目以降のエネルギー消費を極端に低減する(ダイナスティー仮説)。

リサイクルあるいはリターンサイクルを静脈産業と呼ぶのであれば，リユース

サイクルは動脈産業に位置づけられよう．リユース工学では，建築に限れば，場合によっては構造設計の体系も見直す必要が生じるかも知れない．後述する「異質の材料を接着しない」という凌震構造は一つの解である．

リデュースアングル　リデュースは運用段階で定義する．省エネ，環境ホルモン，リフォームなどが対象である．評価－時間軸上では，③→④あるいは((iii)→(iv))の勾配を下げる機能を有する．リデュースの定量的な評価はリデュースアングル(角)で行われる．リサイクルおよびリユースを垂直ひずみ(ε)とすれば，リデュースはせん断ひずみ(γ)に対応し，少し条件が付く．例えば，$LCCO_2$ではゼロエミッションが成立するが，LCC，LCEでは必ずしもそうはならない．

ファイヤーウオール(Fire Wall)　廃棄物⑤の後処理が⑥，⑦に移行するように，⑨に行かないように，リサイクルやリターンのコストよりも環境税や罰金を高く設定する．それがファイヤーウオールである．

リサイクル産業システムの脆弱性を保護する．資源の価格は景況によって変動する．産業廃棄物の処理場すら不足している日本で最終処分地を確保することは難しい．最終処理費用予測は不確実である．

消費することで将来生じる費用を絶えず見直し，コストに反映させる政策が求められる．資源消費の費用と便益をきちんと評価することが必要である．事業者は，将来生じる費用を織り込んだ情報開示を徹底し，消費者の選択肢を広げる．

2.2　世代間建築としての循環技術評価

2.2.1　ライフサイクル仮説

世代間の経済にかかわる理論には，貯蓄・相続論として，ダイナスティー仮説とライフサイクル仮説がある．ライフサイクル仮説が支配的な社会では，主に自世代の消費と余暇に利得を見いだす．次世代の効用については，これを無視するか軽視する傾向が強い．

資源は次世代に残りにくく，結果，資源・環境問題が深刻になるという．

図-2.1.2において(図-2.2.1も同様であるが)，横軸がライフサイクルの時間で，縦軸は，循環技術の評価軸である．リサイクルなどの評価は，LCC，LCE，$LCCO_2$などで評価するが，重要なことは，何れも，リサイクルなどの循環技術

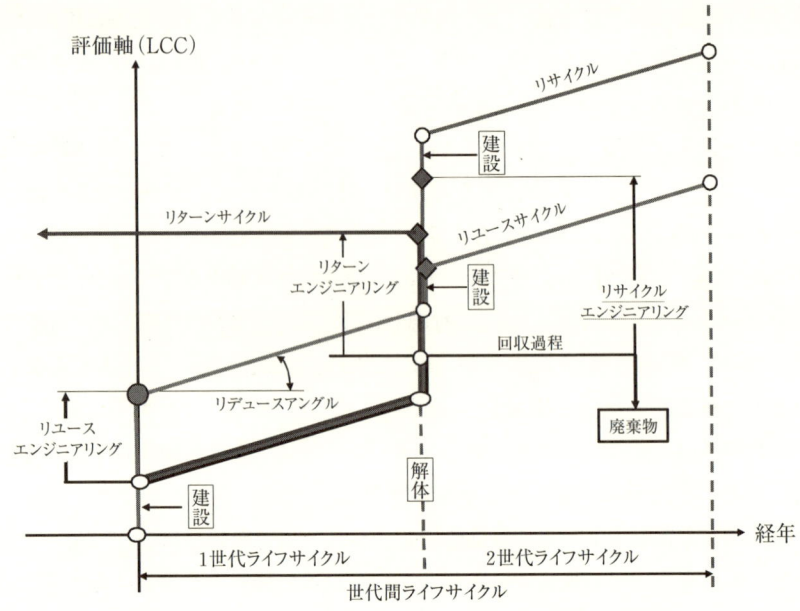

図-2.2.1　ダイナスティー仮説における循環技術の利得

を一つのシステムとして，そのプロセスのすべてを評価するところにある。

　ライフサイクル仮説で循環技術を評価する。**図-2.1.2**で，右側のファイヤーウオールは，産業廃棄物などを生態系に廃棄して環境を劣化させないようにするための防火壁で，具体的には，環境税などの政策的な抑制で対応する。ファイヤーウオールの高さは，抑制の程度を表す。ファイヤーウオールの高さが低くなって，循環技術のコストの方が高くなると，廃棄物は産業経済社会から流出し始める。同時に，循環技術のサイクルは止まってしまう。結果，自世代の消費に利得を見いだすライフサイクル仮説では，静脈系工学のリサイクルも動脈系工学のリユースも，何れも積極的には評価されにくくなる。

2.2.2　ダイナスティー仮説

　ダイナスティー仮説は世代間倫理の概念を満たす。ダイナスティー仮説が支配する社会では，選択は自世代の消費と余暇だけでなく，次世代の消費と余暇にも寄与すると考え，次世代の豊かさ，あるいは満足を自らのものと受け止める。これを自世代と次世代に限って適用して，世代間ライフサイクルとしての評価を導

入すると，循環技術の中で，次世代の負荷を小さくするリユース技術の優位性が明確になる。

2.3　従来の構造原理

　世代間建築においてリユース(再使用)は重要な要請である。一般に，新しい技術体系を構築する場合，従来のシステムに新たな自由度を与えるのでなければ，困難であることが多い。世代間建築もまた，新しい技術体系の要請であり，これを可能にする自由度が与えられなければならない。

　現在の構造工学の体系は，木構造は釘あるいは接着剤，鋼構造は溶接，鉄筋コンクリート構造は鉄筋とコンクリートの付着など，応力伝達機構は接着(Bond)が主流を占めており，これらの構造は，必ずしもリユースを容易にしない。

　例えば，コンクリートは細・粗骨材がセメントペーストで接着されている。これを，一方の構成材料とする鉄筋コンクリート構造を成立させているのが，鉄筋とコンクリートの付着強度である。このことが，コンクリートの場合には，コンクリートが中性化して，鉄筋が錆び始めるとただちに寿命になるという課題にもなる。

図-2.3.1　鉄筋コンクリート構造

図-2.3.2は，鉄筋コンクリート構造をMohrの破壊基準によって解釈したものである。
　引張応力のみを負担する鉄筋と引張応力を負担できないコンクリートが協働す

るのにせん断応力の伝達が必要で，それが鉄筋とコンクリート間の付着（Bond，＝S_0）であることを示した．

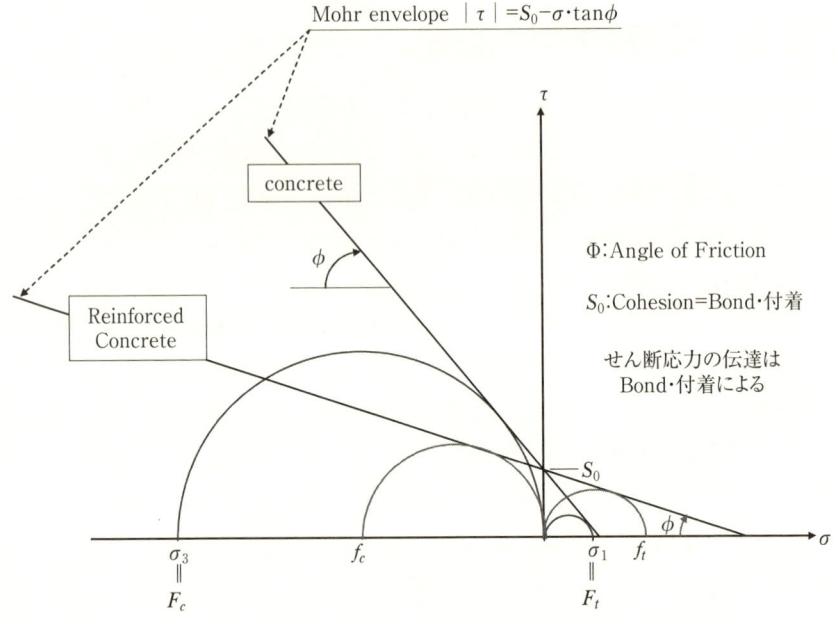

図-2.3.2　従来の構造原理

2.4　リユース構造原理

　鉄筋とコンクリートが付着応力によって一体化されていなければ，鉄筋コンクリート構造の解体とそれに伴うリサイクル活用は，より省エネ，かつローコストで実現する．

　応力伝達のメカニズムは付着のみではない．例えば，鉄骨構造における高張力ボルト接合における応力の伝達は摩擦抵抗に依る．建築においてリサイクルを視野に入れた循環工学では，非接着系の応力伝達メカニズムを用いた構造が求められる．それは，異質の材料を接着しない構造とすることによって実現する．

　建築リユースは，建築情報を持ったままで繰り返し使うことである．支保工や

型枠などの建設仮設資材の転用は，典型的なリユースである。このときのリユースが成立する条件は，資材に永久変形が生じない，つまり弾性範囲で使用することである。接合部分では，点接触になれば，必ず塑性変形が生じるので，一般部材部分と接触部分とは分離できるような構造にする。

整理すると，リユース構造の構成条件は，
① 使用される建築材料・部材の構成において異質の材料を接着しない構造とする。
② 逆説的には，同質の材料であれば接着しても良い。
③ 弾性範囲で設計する。

リユース構造原理とは，異質の材料を接着しないというものである。換言すれば同質の材料なら接着してもよい。「接着しない」という定義を「粘着力 $S_0 = 0$」と読み替えて，その典型である砂の Mohr 基準を示す。

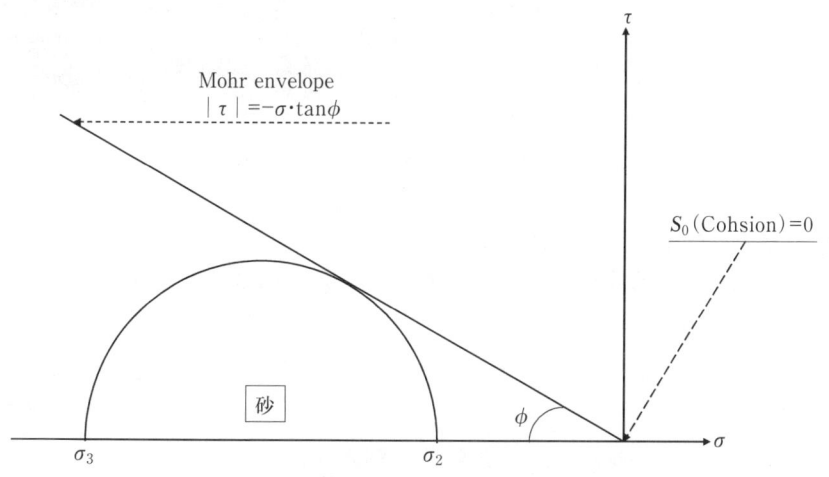

砂は構造（Structure）をつくれないが，リユース構造原理では，$S_0=0$ にする必要がある

図-2.4.1　リユース構造原理の Mohr の破壊基準による解釈

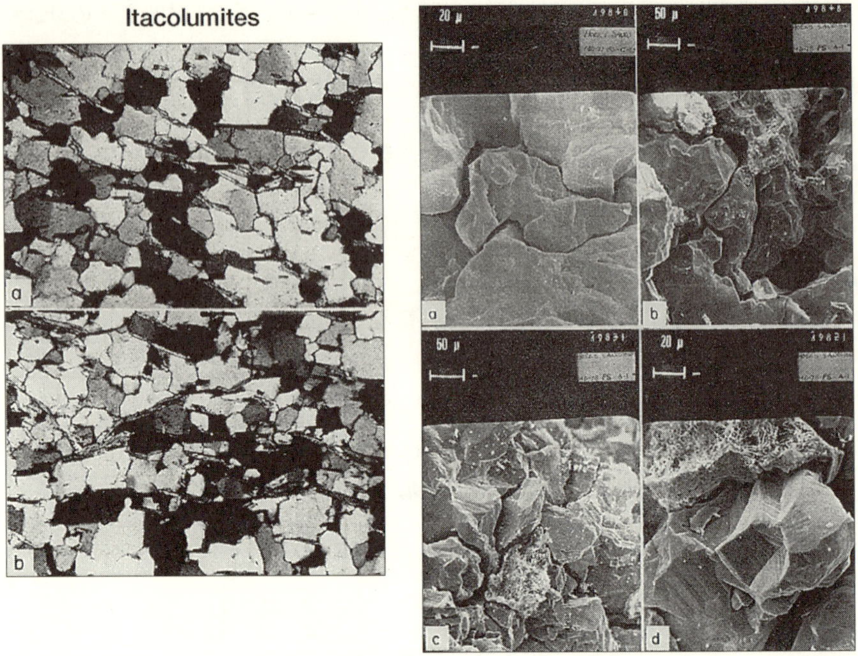

第❷章 | 世代間建築構造

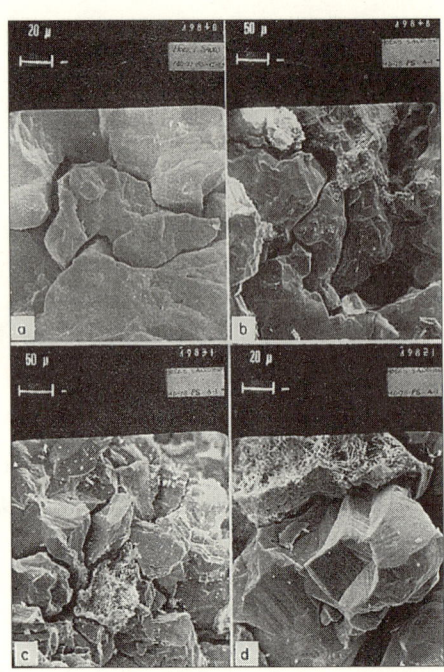

Itacolumites

[出典] M.B.Dusseault : Itacolumites-the flexible sandstones, Q. J. eng. Geol. London, Vol.13, pp.119-128, 1980.

図-2.4.2　$S_0 = 0$ の構造体：イタコルマイト

(1) 撓曲石英片岩とその曲げ挙動

　イタコルマイトの特徴は，要素が石英という典型的な脆性材料であるにもかかわらず，その組織体は大きな変形能力を有しているという点にある。

　イタコルマイトは，異質の材料を接着しないというリユース構造原理を満たしている。

(2) Jigsaw Puzzle Analogy による SRB-DUP 構造

　図-2.4.5のように，イタコルマイト組織をジグソーパズルのアナロジーで対比させて，これを構造体化したものがSRB-DUP（Distributed Steel Reinforced by Brick-Distributed Unbond Prestress Theory）である。せん断応力は摩擦抵抗で伝達させる。摩擦抵抗を発生させるために締付力（プレストレス）が必要である。プレストレスをボルトで与えることによって，リユースを可能にする。

2.4 リユース構造原理

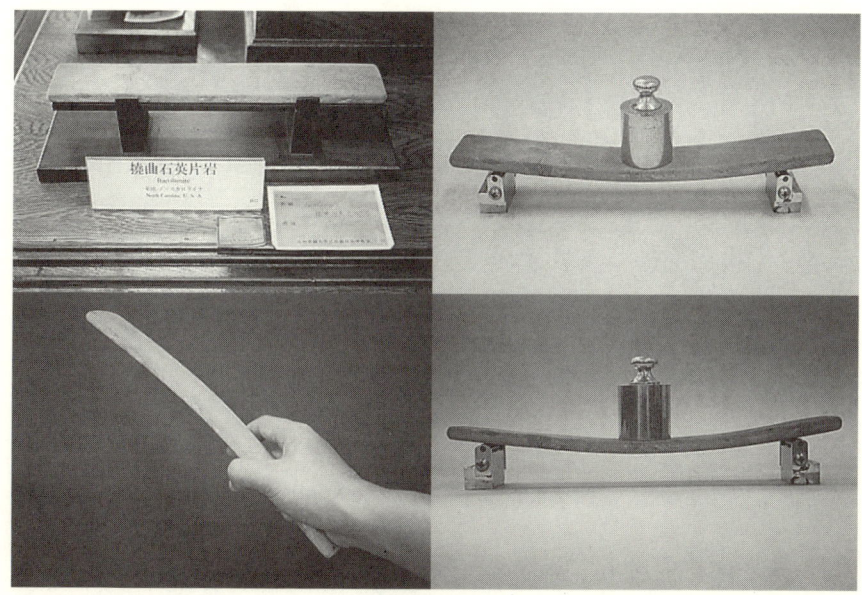

図-2.4.3　撓曲石英片岩 Itacolumite

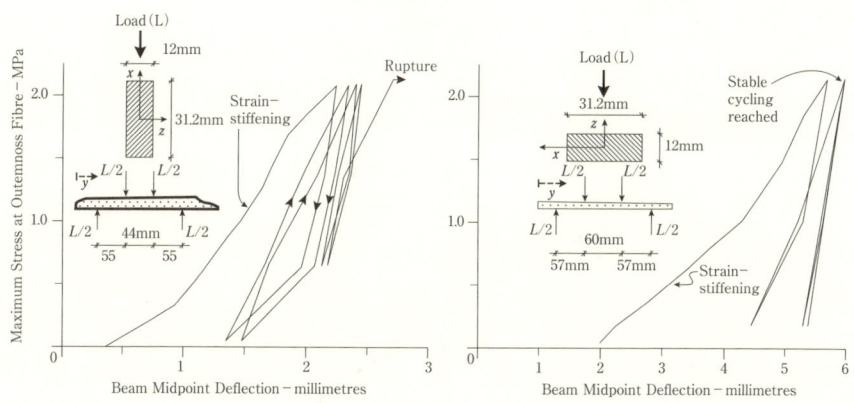

注) M.B.Dusseault : Itacolumites − the flexible sandstones, Q. J. eng. Geol. London, Vol.13, pp.119-128, 1980.

図-2.4.4　アメリカ産 Itacolumite の曲げ挙動

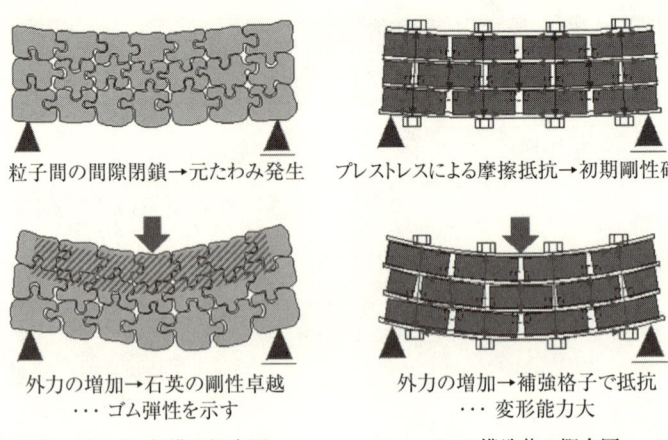

図-2.4.5　Jigsaw Puzzle Analogy

(3)　SRB-DUP の Mohr の破壊規準による解釈

　鉄筋コンクリート構造と同様に SRB-DUP を Mohr の破壊基準によって解釈する(**図-2.4.6**)。Mohr 基準で表現できるということは，SRB-DUP が基本的に弾性力学で説明できることを意味する。**図-2.4.7** は，導入できるせん断抵抗の最大値を図示したものである。

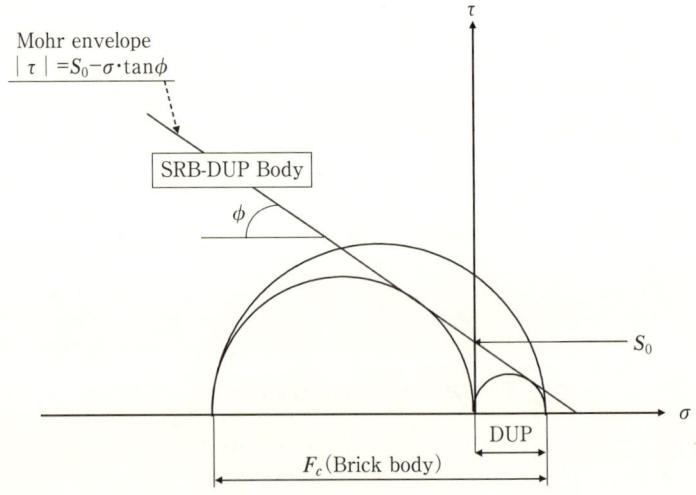

図-2.4.6　DUP の Mohr の破壊基準による解釈

2.5 分散型アンボンドプレストレス理論・DUP

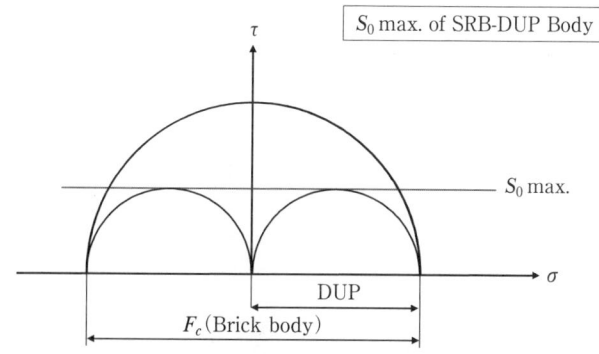

図-2.4.7 Mohrの破壊基準による解釈

2.5 分散型アンボンドプレストレス理論・DUP

2.5.1 DUPの累加則の解析概要

図-2.5.1のような一次元的な組積を行って，柱状のSRB-DUP構造体とした場合の，構造体各層の固体要素にかかるプレストレスと，各層の固体要素がボルトから直接受ける締め付け力の分布に関する支配方程式を導く．

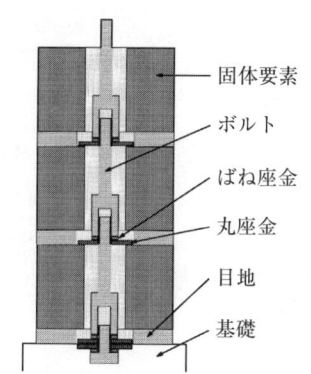

図-2.5.1 SRB-DUP構造体の断面

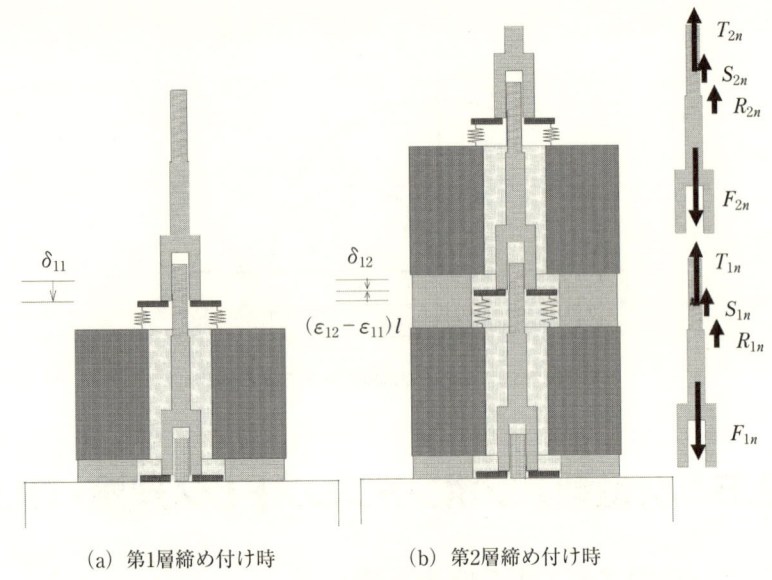

(a) 第1層締め付け時　　　(b) 第2層締め付け時

図-2.5.2　解析モデル

2.5.2　解析モデル-1

　SRB-DUP 構造体について解析を行うにあたり，座金が板ばねとして挙動すると仮定して，**図-2.5.2**のような解析モデルを与える。断面積比を考慮して，ボルトおよび座金を弾性体，固体要素および目地材を剛体と見なす。

　ボルトの長さを l，断面積を A，弾性係数を E とする。ボルトの張力が F のときのボルトのひずみを ε とすると次に示す式(2.1)が成り立つ。

$$F = EA\varepsilon \tag{2.1}$$

また，丸座金からボルトが受ける反力を R，丸座金の曲げ剛性を k，変位を δ とすると式(2.2)が成り立つ。

$$R = k\delta \tag{2.2}$$

最上層のボルトに常に ε_{11} のひずみが生じるように固体要素を締め付けながら第 n 層まで締め付けを繰り返したとき，

　ε_{1n}：第1層のボルトのひずみ

δ_{1n}:第1層の丸座金の変位

F_{1n}:第1層のボルトの張力,すなわち第1層の固体要素にかかるプレストレス

R_{1n}:第1層のボルトが第1層の丸座金から受ける反力,すなわち第1層の固体要素が第1層のボルトから直接受ける締め付け力

T_{1n}:第1層のボルトが第2層のボルトから受ける引張力

とすると,第1層のボルトに関する力の釣合式は次に示す式(2.3)のようになる。

$$R_{1n} = F_{1n} - T_{1n} \tag{2.3}$$

ここでT_{1n}は第2層のボルトの張力F_{2n}に等しい。また,固体要素にかかるプレストレスはその位置に関係なく,毎回の締め付け量と締め付け回数の積によって決定されるとすると,さらに式(2.4)が成り立つ。

$$T_{1n} = F_{2n} = F_{1n-1} \tag{2.4}$$

式(2.1),(2.2),(2.4)を式(2.3)に代入すると,

$$k\delta_{1n} = EA\varepsilon_{1n} - EA\varepsilon_{1n-1}$$

$$\therefore \varepsilon_{1n} - \varepsilon_{1n-1} = \frac{k}{EA}\delta_{1n} \tag{2.5}$$

となる。さらに変位の適合条件より次の式(2.6)が成り立つ。

$$\delta_{1n} = \delta_{1n-1} - (\varepsilon_{1n} - \varepsilon_{1n-1})\, l \tag{2.6}$$

式(2.5),(2.6)をδ_{1n}について解くと式(2.7)が得られる。

$$\delta_{1n} = \frac{1}{1 + \dfrac{kl}{EA}}\delta_{1n-1} \tag{2.7}$$

式(2.7)はδ_{1n}が初項δ_{11},公比$1/(1 + kl/EA)$の等比数列であり,

$$\alpha = \frac{1}{1 + \dfrac{kl}{EA}}$$

とおくと,δ_{1n}は次式のように表すことができる。

$$\delta_{1n} = \alpha^{n-1}\delta_{11}$$

$$\therefore \delta_{1n} = \frac{EA}{k}\alpha^{n-1}\varepsilon_{11} \quad (\because k\delta_{11} = EA\varepsilon_{11})$$

さらに式(2.5)を用いると次の式(2.8)のようになる.

$$\varepsilon_{1n} - \varepsilon_{1n-1} = \alpha^{n-1}\varepsilon_{11} \tag{2.8}$$

式(2.8)は ε_{1n} の階差をとると等比数列になるので,

$$\varepsilon_{1n} = \varepsilon_{11} + \sum_{m=2}^{n}\alpha^{m-1}\varepsilon_{11} = \sum_{m=1}^{n}\alpha^{m-1}\varepsilon_{11}$$

$$\therefore \varepsilon_{1n} = \frac{1-\alpha^n}{1-\alpha}\varepsilon_{11} \tag{2.9}$$

となる.式(2.9)は $n = 1$ のときも成立する.

ゆえに,第 n 層まで固体要素の締め付けを繰り返した時の第1層のボルトの張力,すなわち第1層の固体要素にかかるプレストレス F_{1n} と,第1層のボルトが第1層の丸座金から受ける反力,すなわち第1層の固体要素が第1層のボルトから直接受ける締め付け力 R_{1n} は,以下に示す式(2.10),式(2.11)で表すことができ,$\alpha < 1$ のとき,F_{1n},R_{1n} 共に収束する.

$$F_{1n} = EA\varepsilon_{1n} = EA\frac{1-\alpha^n}{1-\alpha}\varepsilon_{11} \tag{2.10}$$

$$R_{1n} = k\delta_{1n} = EA\,\alpha^{n-1}\varepsilon_{11} \tag{2.11}$$

2.5.3　解析モデル-2

介在要素としてばね座金を併用する場合,ばね座金の変位は丸座金の変位に比べて非常に大きい.したがって,上層のボルトの締め付けによって T_{1n} が増加しても,ばね座金の変位が解除されないうちは,ばね座金からの反力が残留する.

解析モデル-2においては,第1層のばね座金から受ける反力を S_{1n} として,式(2.3)にこれを加え,式(2.12)を力の釣合式とする.

$$R_{1n} = F_{1n} - T_{1n} - S_{1n} \tag{2.12}$$

ばね座金の剛性を k',n 層目を締め付けたときの1層目のばね座金の変位を d_{1n} と

すると次式が成り立つ。

$$S_{1n} = k' d_{1n} \tag{2.12}$$

ここで，$d_{1n} \gg \delta_{1n}$ であるから d_{1n} を一定とみなす。よって S_{1n} も $d_{1n} \gg \delta_{1n}$ の範囲では一定値となり，ばね座金の影響を考慮したときのプレストレス F_{1n} と直接締め付け力 R_{1n} は，式(2.13)，式(2.14)で表すことができる。

$$F_{1n} = \frac{EA}{\beta}(\varepsilon_{11} - \gamma)(1 - \alpha^{n-1}) + EA\varepsilon_{11} + 2EA\gamma(n-1) \tag{2.13}$$

ただし，

$$\beta = \frac{kl}{EA}, \quad \gamma = \frac{k' d_{1n}}{EA}$$

$$R_{1n} = (EA\varepsilon_{11} - k' d_{1n})\alpha^{n-1} + k' d_{1n} \tag{2.14}$$

ここで α は，$kl/EA > 0$ であるため $0 < \alpha < 1$ の範囲内の値をとる。したがって，n が増加すると F_{1n} は増加する。すなわち，各層の固体要素にかかるプレストレスは，より上層の固体要素の締め付けが繰り返されるにつれて増加する。このメカニズムをプレストレス累加機構と呼ぶ。一方，n が増加すると R_{1n} は減少する。すなわち，ボルトからの直接締め付け力はしだいに減少する。

2.5.4　解析結果と実験結果との比較

解析モデル-1の解析式である式(2.10)および式(2.11)より算出した値と実験値との比較を図-2.5.3に示す。ボルトは鋼製を用いたので，そのヤング率 E を用い，断面積 A は実験でひずみを測定した ϕ 9mm の位置における値とし，長さ l は1層分の高さである70mmとした。丸座金の曲げ剛性 k より α の値を算定し，$\alpha = 0.340$ として求めたものが図-2.5.3に示した解析値である。

図-2.5.3中の●は第1層の固体要素にかかるプレストレスの実験値，■は第1層の固体要素がボルトから直接受ける締め付け力の実験値を累積したもので，解析モデルのように理想的な場合には一致するものである。プレストレスの解析値は早い段階で収束しているが，実験値に収束傾向は見られない。また直接締め付け力に関しては，解析値は0に収束しているのに対し，実験値には微少ではあるが 0.3〜0.5kN 程度の残留が見られる。

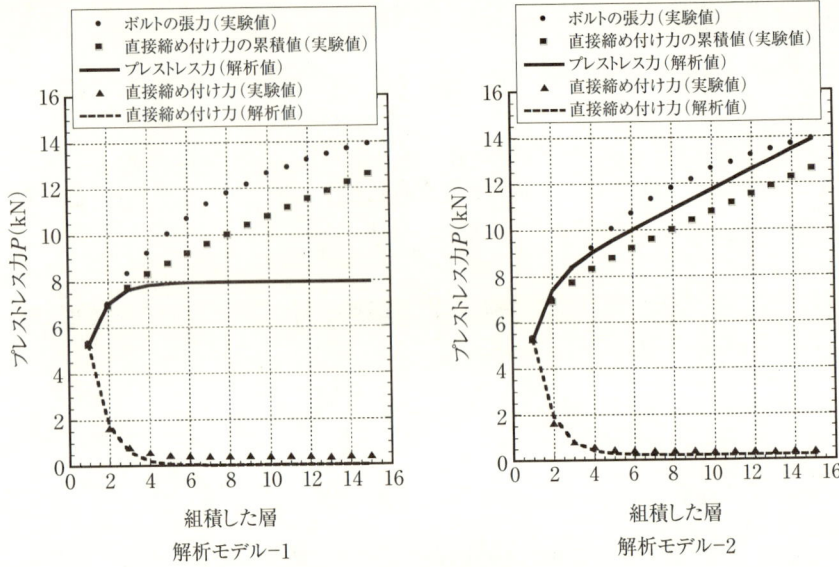

図-2.5.3　解析値と実験値の比較

式(2.10)および式(2.11)では$0<\alpha<1$であるため，F_{1n}，R_{1n}共に収束する。したがって，これらの解析式ではプレストレスや直接締め付け力の変化を十分に表現することができない。この解析値と実験値の差異は，実験に用いたばね座金の影響が解析式に反映されていないことによると考える。

式(2.13)および式(2.14)から得られた解析モデル-2の解析値と実験値の比較を図-2.6.1に示す。ばね座金の剛性k'と変形量d_{1n}の積である$k'd_{1n}$，すなわち第n層を締め付けたとき第1層のばね座金に依然として蓄えられている力は，予備実験により$k'd_{1n}=216N$と定めた。他の定数については前述の解析モデル-1のときと同じ値を用いて，これらよりβおよびγの値を算定し，$\beta=1.94$，$\gamma=1.65\times10^{-5}$として求めたものが図-2.5.3中に示した解析値である。

解析値は実験値にほぼ一致しており，式(2.13)，式(2.14)の整合性が高い。このことから，プレストレスの分布は締め付けに用いる介在要素，とくに剛性が小さく変形能力が大きいばね座金のような要素の影響を大きく受ける。

2.6 凌震構造設計

分散型アンボンドプレストレス理論・DUP(Distributed and Unbonded Prestress Theory)による乾式工法によって，それだけでも，高耐久でLCA評価の高い煉瓦造住宅に，さらに，耐震性および高度リユース性を与える。

これは従来のモルタルで接着しながら煉瓦を組積していく湿式工法に代わる新工法である。

SRB-DUPは，煉瓦のような個々の脆性個体要素にボルトを用いて分散型のプレストレスをアンボンド状態で与えながら構造体を構築するもので，個体要素が脆性的であるにのもかかわらず，部材全体としては鋼構造に類似した高い強度と変形性能を示す(図-2.7.4)。

面外方向1 000galの加速度に耐える。煉瓦を個体要素として高耐震性を有する乾式煉瓦組積造が実現する。

実施工の検証は，2.8節で行う。設計の仕様は3.8節に示す。構造設計については，許容応力度設計法を2.6節に示すが，プロジェクトモデルの実施設計は，建築基準法・同施工令・告示等，建築物の構造規定(日本建築センター)，壁構造関係設計基準・同解説(日本建築学会)などの基準・指針に準拠して行って建築確認を取得した。

2.6.1 構成要素

SRB-DUP工法による面状部材の構成を図-2.6.1に示す。また，SRB-DUP固体要素の形状，SRB-DUP鉛直補強要素を図-2.6.2に示す。

SRB-DUPに用いる個体要素(煉瓦)は，ボルト・ホールとナット・ホールを有する。水平補強は2種類のプレートで行う。鉛直補強にはボルトを用いる。

この構造のボルトの腐食環境は，0.01mm/年と考えられる。そうすると，1mm錆びるのに100年かかる。2mmだと200年を必要とすることになる。構造計算で仮定したボルトの直径に2mmの錆代(さびしろ)を加えると100年，4mmを加えると200年の耐用年数を設定することができる。

水平補強要素の防錆はブチラール樹脂系ウォッシュプライマーの静電塗装とする。これは本四架橋鉄塔に使用された防錆塗料で，耐用年数50年と設定されている。SRB-DUPでは，天候劣化の環境にないので，さらに長い耐用年数が期待できる。

第2章 世代間建築構造

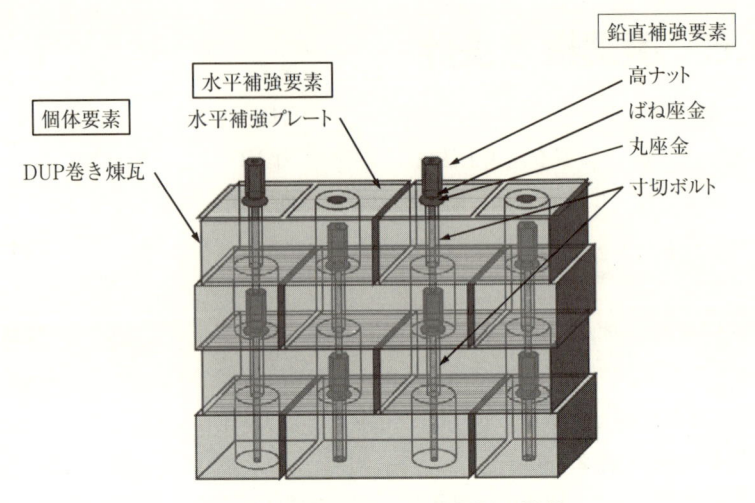

図-2.6.1 SRB-DUP面状部材の構成

(ラベル：個体要素／DUP巻き煉瓦、水平補強要素／水平補強プレート、鉛直補強要素／高ナット・ばね座金・丸座金・寸切ボルト)

　鉛直補強要素（寸切ボルト，長ナット）および水平補強プレートを用い，各個体要素を一箇所ずつ締め付け固定し，プレストレスを与えながら，破れ目地積みの構造体を構築する。

　固体要素として煉瓦を用いる場合，煉瓦は焼成品であるため，まず，SRB-DUP素材煉瓦を製造する。次いで，石炭灰スラリーの目地を先付けする方法で高さ方向の寸法精度を確保したものをSRB-DUP煉瓦としてSRB-DUP構造に使用する。

　SRB-DUP工法による面状部材の組積は，**図-2.6.2**のように固体要素にあいた小さな穴の位置でボルトをナットで締め付けてプレストレスを与える。次の段を組積するときには固体要素を破れ目地状に配置することにより，下の段を締め付けたナットは固体要素の大きな穴の中に納まる。

　高精度DUP煉瓦は，石炭灰スラリーの目地を先付けする方法で開発した。この煉瓦の外観を**図-2.6.2**に示す。煉瓦を高精度の型枠に収め，上下面と小口面に石炭灰スラリーを流し込んで目地の先付けを行う。煉瓦に目地が巻き付けられた状態となるため，製造後の煉瓦を通称「巻き煉瓦」と呼ぶ。使用する煉瓦の長さと幅の比が2：1で，煉瓦短手方向中央，長手方向1/4点および3/4点の2箇所に直径40mm程度以上の孔があれば「巻き煉瓦」にできるため，国内外を問わずさまざまな煉瓦を使用できるという特長がある。また，目地を付ける煉瓦をプレウェッティングしなくてもスラリー目地はドライアウトによるひび割れが生じない。

2.6　凌震構造設計

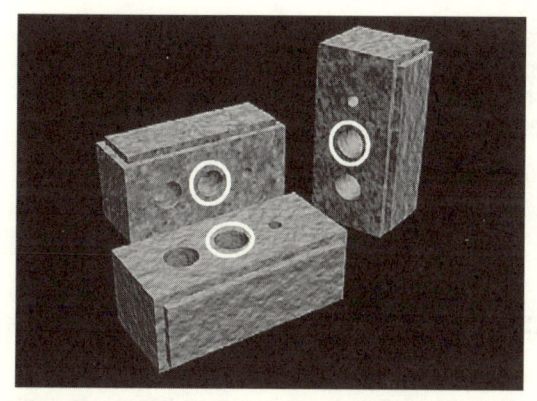

○ 製造上要求される穴で，本工法では使用しない

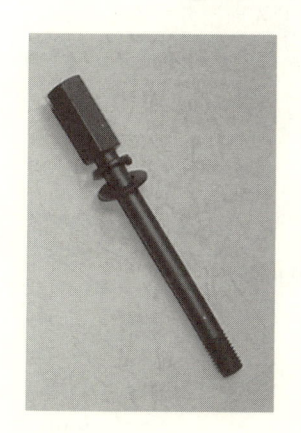

図-2.6.2　SRB-DUP 構成要素

2.6.2　構造設計

　SRB-DUP 工法により組積した長手方向1枚積み壁部材の面内せん断に関する設計式は，壁式鉄筋コンクリート造計算基準における耐力壁の短期設計用せん断力に関する検討式）を基に，次の式（2.15）で表される。

$$_DQ_S \leqq Q_{AS} \tag{2.15}$$

記号　$_DQ_S$：壁部材の短期設計用せん断力
　　　Q_{AS}：壁部材の損傷限界時のせん断耐力で式（2.16）による

$$Q_{AS} = t \cdot j \cdot f_S \tag{2.16}$$

記号　t：壁部材の有効厚さ
　　　j：壁部材の応力中心距離で式(2.17)による
　　　f_S：壁部材の損傷限界時のせん断強度

$$j = \frac{7}{8}d \tag{2.17}$$

記号　d：壁部材圧縮側端部より引張側端部の鉛直補強要素中心位置までの距離

SRB-DUP 壁部材に最初に発生するせん断塑性変形は，導入プレストレスが最小の「固体要素−水平補強プレート　接触面」におけるせん断滑りである．いま，SRB-DUP 壁部材の損傷限界時のせん断強度 f_S として，このせん断滑りが発生するときの応力度 τ を採用する．この τ は次の式(2.18)で表される．

$$f_S = \tau = \mu N_P / A \tag{2.18}$$

記号　N_P：滑りが発生する層に導入されているプレストレス力の総和
　　　μ：固体要素−水平補強プレート　接触面の摩擦係数
　　　A：壁部材の有効断面積

よって，式(2.16)は式(2.19)で表される．

$$Q_{AS} = t \cdot j \cdot \mu N_P / A \tag{2.19}$$

　壁部材の有効厚さ t は，壁部材構成要素の幅のうちもっとも小さい水平補強プレートの幅とする．また，壁部材の有効断面積 A は，構造上有効な部分が占める長方形面積として，壁部材の長さに壁部材の有効厚さ t を乗じたものとし，固体要素や水平補強要素にあいた穴の面積は差し引かないものとする．

　トライボロジーの分野では，摩擦力は見かけ上の接触面積に依存しないことが，真実接触面積の概念を用いて説明されている）．そこで式(2.18)では，固体要素と水平補強プレートの接触面における摩擦抵抗力を，滑りが発生する層に導入されているプレストレス力の総和 N_P を用いて μN_P で表し，応力度で表記するために A で除して $\tau (=f_S)$ とした．式(2.18)より f_S は N_P に依存するので，SRB-DUP 乾式材料組織体により高いプレストレスを与えることによって，滑りが発生する

ときのせん断応力度を高めることができる。固体要素－水平補強プレート 接触面の摩擦係数μは，予備実験の結果より$\mu = 0.3$とする。なお，壁部材の下層部にはSRB-DUP工法に特有のプレストレスの累加が生じるため，滑りが発生する層はプレストレスが最小となる最上層と考えられる。

　実際に滑りによる塑性変形が発生するときの荷重は，損傷限界時のせん断耐力Q_{AS}以上となっており，設計式は妥当である。また，SRB-DUP乾式材料組織体はf_Sを越えるせん断応力度に対しても脆性的な破壊は示さず，塑性変形域において耐力は増大する。

2.7　既存構造との比較

　図-2.7.1は，式(2.18)によるf_Sを他の構造の壁体の短期許容せん断応力度と比較したものである。縦軸に示すf_Sおよび他の構造の短期許容せん断応力度は各壁体の構造上有効な部分が占有する長方形面積より算出した。SRB-DUP壁部材の

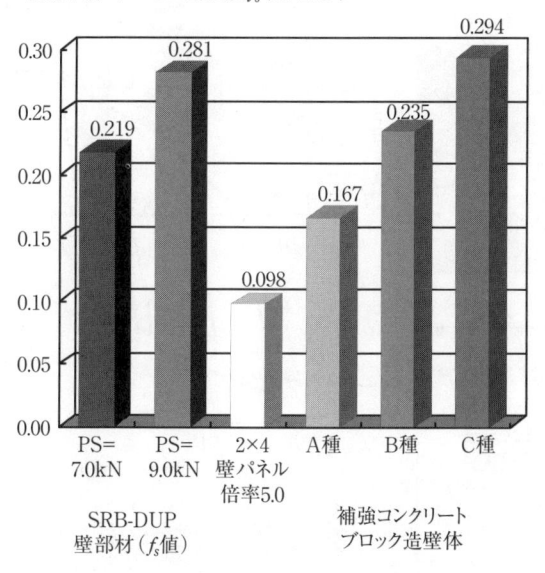

図-2.7.1　壁体せん断耐力の比較

区分	値
SRB-DUP壁部材（f_S値）PS=7.0kN	0.219
SRB-DUP壁部材（f_S値）PS=9.0kN	0.281
2×4 壁パネル倍率5.0	0.098
補強コンクリートブロック造壁体 A種	0.167
補強コンクリートブロック造壁体 B種	0.235
補強コンクリートブロック造壁体 C種	0.294

（短期許容せん断応力度(N/mm²)，損傷限界時のせん断強度f_S(N/mm²)）

せん断耐力は2×4の壁パネルで最も強いものの2倍以上，湿式の組積造である補強コンクリートブロック造と同程度である。なお，SRB-DUP煉瓦のせん断強度は，圧縮強さ20～60N/mm^{2}の煉瓦で6～12N/mm^{2}程度であり，f_sを0.2～0.3N/mm^{2}程度とすることに問題はない。

図-2.7.2は，非Reuse型(要素接着型)の構造体である多孔レンガブロック造[13]の壁体とSRB-DUP壁部材(WS7試験体，プレストレス0.68N/mm^2)の載荷履歴曲線を比較したものである。

図-2.7.3は，全層同時にプレストレスを与える乾式コンクリートブロック造[14](プレストレス0.39N/mm^2)の壁体と，SRB-DUP壁部材(WS7試験体)の載荷履歴曲線を比較したものである。

いずれもSRB-DUP壁部材は描くループの面積が大きく，エネルギー吸収能力が高い。

図-2.7.4は，SRB-DUP壁部材(WS7試験体)と鉄骨純ラーメン[15]の載荷履歴曲線を比較したものである。両者は共に紡錘形の大きなループを描いており，ループの形状が非常によく似ている。SRB-DUP壁部材は鋼構造に相似なエネルギー吸収能力の高い構造体になっているといえる。

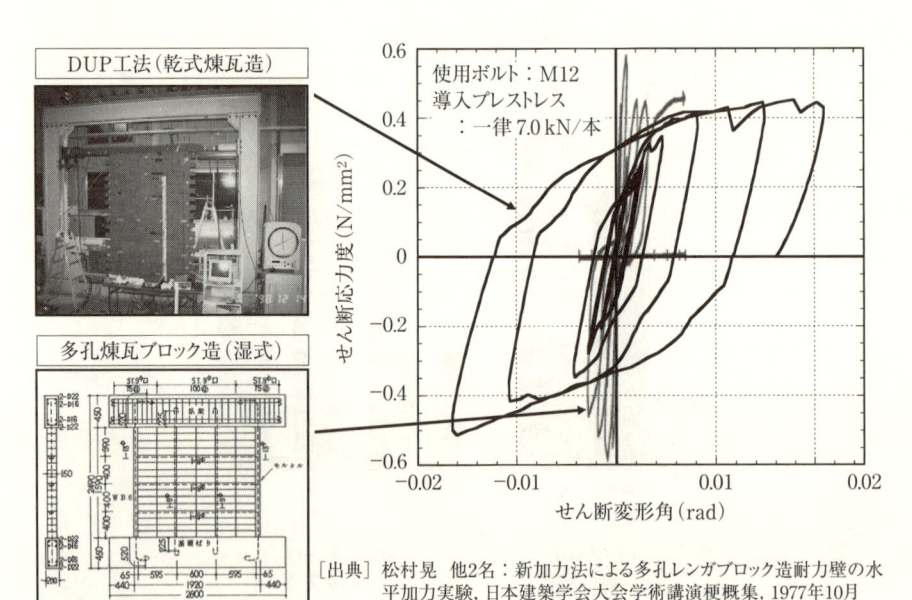

［出典］松村晃 他2名：新加力法による多孔レンガブロック造耐力壁の水平加力実験，日本建築学会大会学術講演梗概集，1977年10月

図-2.7.2 非リユース型構造体との載荷履歴曲線比較

2.7　既存構造との比較

DUP工法
個々の煉瓦にプレストレス導入

乾式コンクリートブロック造*
全層同時にプレストレス導入

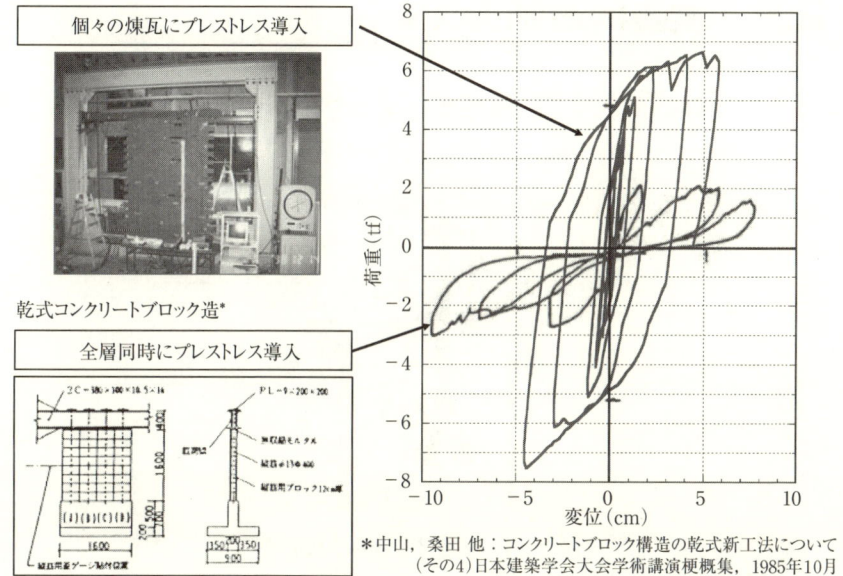

＊中山，桑田 他：コンクリートブロック構造の乾式新工法について
（その4）日本建築学会大会学術講演梗概集，1985年10月

図-2.7.3　乾式プレストレス工法（非分散型）によるブロック造壁体との載荷履歴曲線比較

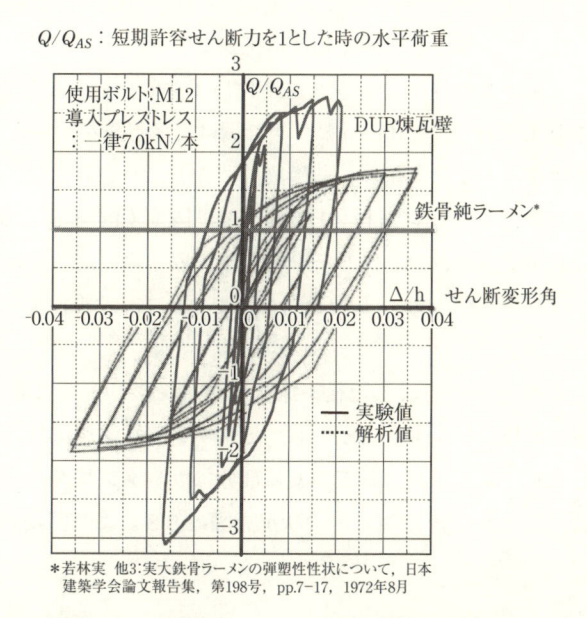

Q/Q_{AS}：短期許容せん断力を1とした時の水平荷重

使用ボルト：M12
導入プレストレス
：一律7.0kN/本

DUP煉瓦壁
鉄骨純ラーメン*
せん断変形角 Δ/h

実験値
解析値

＊若林実 他3：実大鉄骨ラーメンの弾塑性性状について，日本
建築学会論文報告集，第198号，pp.7-17，1972年8月

図-2.7.4　鉄骨純ラーメンとの載荷履歴曲線比較

2.8 凌震構造施工

2.8.1 煉瓦組積前準備（基礎インサートおよびセルフレベリング）

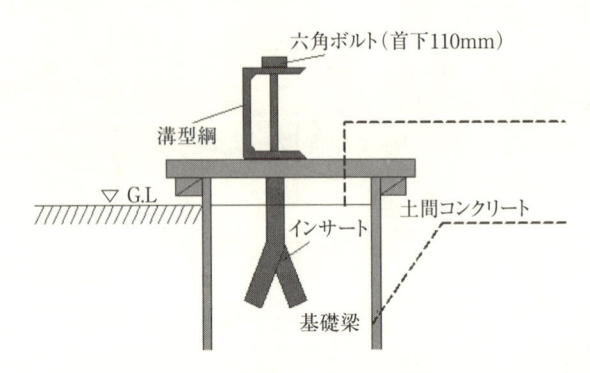

図-2.8.1　基礎インサート設置図

　SRB-DUP工法では，インサートがSRB-DUPの組積体を基礎につなぐ役割を果たす。インサートは基礎梁に埋設し，DUPボルトの最下部であるアンカーボルトを差し込む。インサートの施工精度は重要であり，施工精度が不充分であると組積工事に支障をきたす。プロジェクトは，インサートを設置するにあたり，M12ボルトが通る貫通孔を110mmピッチで開けた溝形鋼を用いた。溝形鋼にインサートを六角ボルトで取り付け，基礎梁の型枠上にセットした。インサートと溝形鋼の間はセルフレベリング材を打設する空間を確保するよう鋼管を挟んだ。溝型鋼および六角ボルトはコンクリート打設後に取り除いた。プロジェクトにおける基礎インサートのインサート設置図を図-2.8.1に，設置状況を図-2.8.2に示す。

　地中梁コンクリートを打設した後，床スラブコンクリート打設を行った。次に，煉瓦組積開始用のボルトをセットし，セルフレベリング材打設後もボルトが動くように，セルフレベリング材で埋まる部分はウレタンゴムをボルト周囲に巻いて養生を行った。施工前と施工中の状況を図-2.8.3および図-2.8.4に示す。

図-2.8.2

図-2.8.3

図-2.8.4

2.8.2 煉瓦組積・縦遣り方

　メーソンリー工事においては鉛直組積精度の管理が必要であり，組積体の鉛直性の基準に縦遣り方を設置する。縦遣り方は正確・堅固に設けなければならない。この遣り方は仮設であるため，施工中に変形・狂いが生じるおそれがある。したがって，点検および補正を随時行う必要がある。プロジェクトでは，組積工事を開始する直前に縦遣り方を設置した。縦遣り方は，SRB-DUP組積体の壁面から45mm離れた位置に設置した。材料には2×6の木材を用い，撤去後に構造材として再利用した。上端と下端の位置をトランシットで調整し，抜き材(2×4)とともにべた基礎に釘を打って固定した。縦遣り方の設置状況を**図-2.8.6**に示す。

図-2.8.5　縦遣り方の設置図

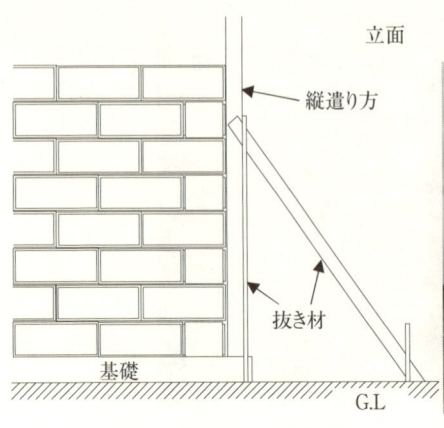

図-2.8.6

2.8.3　煉瓦組積・組積手順

壁部分の組積手順を，①〜⑥に示す。この工程を1段おきに繰り返す。

① 割付施工図に基づいて煉瓦を設置する。注意すべき点として，煉瓦の下に異物を挟み込まないこと，隣り合う煉瓦に隙間をつくらないことがあげられる（図-2.8.7）。

② プレートを設置する。プレートには大小の2種類の穴が空けられており，設置するときの向きに注意する。下段から伸びるボルトが短いほうにプレートの小さい穴を通す。プレートの割付は割付施工図による（図-2.8.8）。

③ 座金・ナットを設置する。下段から伸びるボルト（短いほうのみ）に平座金，ばね座金の順で通し，ナットを仮止めする。この工程で

図-2.8.7

図-2.8.8

はナットの締め付けを行わない。ナットには，高ナットと普通ナットの2種類がある。ほとんどの部分に高ナットを用いるが，壁体が上に伸びなくなる部分（開口部および最上段）のみ普通ナットを用いる。詳細は，割付施工図による（図-2.8.9）。

④ みず糸を張る。みず糸はナットを締める位置のガイドである。たてやり形などの鉛直の基準から定規で距離を測定し位置を決める（図-2.8.10）。

⑤ ナットの締め付けを行う。ナットはみず糸をガイドにして一直線上に並ぶように位置を調整する。締め付けは，トルクレンチを用いて行う。入力トルクは現場管理者の指示による。このとき，厳密なトルク制御を行うため潤滑油を用いる。原則として一度締め付けたナットは緩めてはならない。ナットを緩めた場合，緩めた層だけでなく，それ以下の層に渡って入力したトルクが抜ける可能性がある（図-2.8.11）。

⑥ 両切ボルトを設置する。両切ボルトは高ナットの上に継ぎ足し，17mm程度（目分量で判断してよい）はめ込む。設置する両切ボルトのねじ部分が隠れる直前が目安になる。この寸法は両切ボルトがある程度の自由度をもって動く状態である。普通ナットの上には両切ボルトの設置を行わない。この工程の後①に戻り，次の段の組積を行

図-2.8.9

図-2.8.10

図-2.8.11

う(図-2.8.12)。

2.8.4 煉瓦組積・組積精度管理

SRB-DUP工法では，組積精度を保つ上でSRB-DUP煉瓦の外面よりもDUPボルトのずれを重点的に管理する必要がある。この管理手法をボルト管理という(図-2.8.14)。

図-2.8.12

プロジェクトではボルト管理で煉瓦組積を行った。高ナットの両側にみず糸を張り，締め付け位置を調整する。

みず糸の設置には，図-2.8.13に示す固定具を用いた。

縦遣り方を基準にし，みず糸の位置を決定した。2本のみず糸の間隔は40mmとし，中央に高ナットを配置するように締め付けを行った。高ナットの締め付け状況を，図-2.8.15に示す。

図-2.8.13

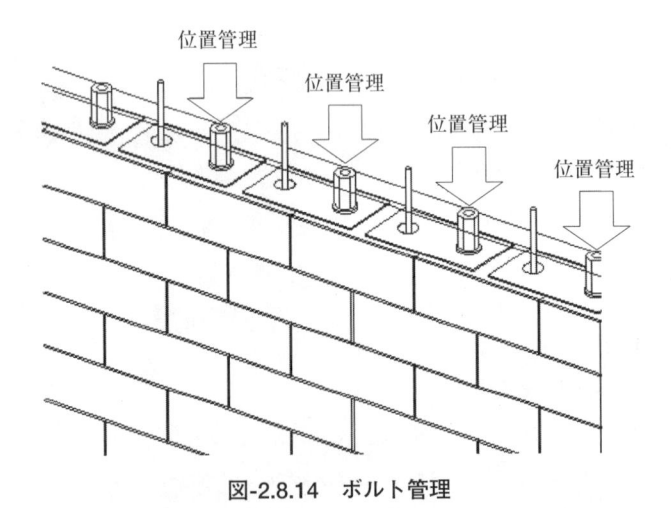

図-2.8.14 ボルト管理

図-2.8.15

2.8.5 煉瓦組積・開口部

　SRB-DUP 工法における梁部分の構成を図-2.8.16 に示す。SRB-DUP の梁部分は，プレートに長物を用いて両端の壁にのみ込ませることで定着させる。また，梁の始まり部分は六角ボルトを使用する。梁の下部2段は高ナットを締め付ける際に六角ボルトの共回りを防ぐための工夫が必要である。3段目以降は，通常の壁部分と同様に組積できる。

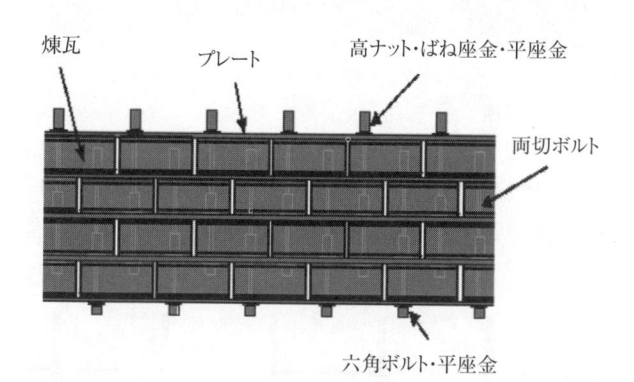

図-2.8.16　SRB-DUP 工法の梁部分の構成

　梁の組積を開始する際はまだプレートが定着されていないため，煉瓦等の自重を支えることができない。そこで，梁が定着されるまでの間，仮設の支保工を設置する必要がある。

第 3 期実験棟では，**図-2.8.17** に示す支保工を設置した。梁部分の長尺プレートがたわむ場合を想定し六角ボルトの頭で梁部分を支える。支保工の高さは六角ボルトの頭より少し低くしておき，梁の煉瓦を並べた後，微調整ができるようにした。また，煉瓦開口の幅より 5mm ずつ小さくし，開口脇の SRB-DUP 煉瓦が 5mm ずれた場合でもサッシを納める最小寸法が確保できるようにした。

梁部分の組積手順を①〜⑦に示す。

図-2.8.17

① 支保工の上に施工図で指定された長尺プレートを設置する。長尺プレートは大きい穴に対して下側から平座金を挟み込んで六角ボルトを通しておく。ばね座金は挟み込まない(**図-2.8.18**)。

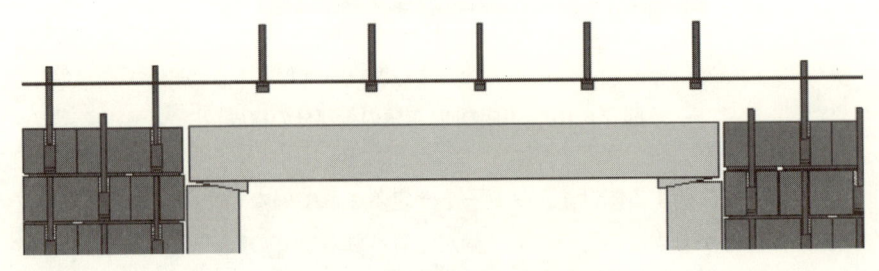

図-2.8.18 長尺プレート配置

② 支保工と両端の壁体における長尺プレートの設置面に段差が生じないように，支保工の高さを調整する(図-2.8.19)。

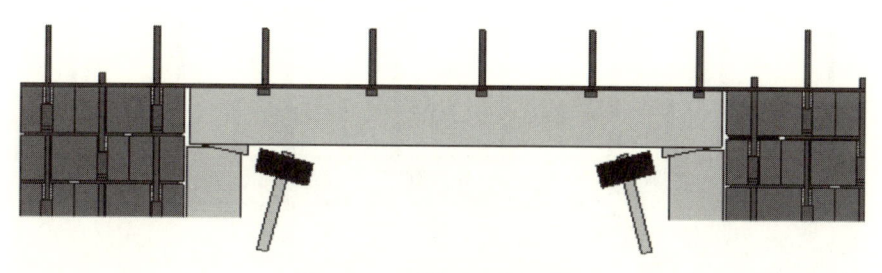

図-2.8.19　支保工の高さ調整

③ 割付図に従って煉瓦を配置する。梁部分では煉瓦の小さい貫通孔にのみ六角ボルトを通すことになる(図-2.8.20)。

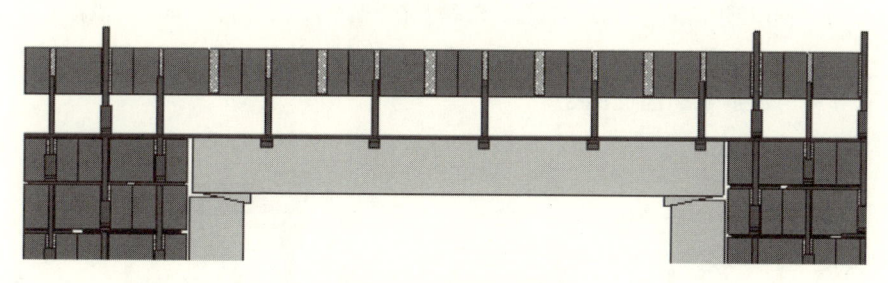

図-2.8.20　煉瓦の配置

④ 施工図に従って長尺プレートを配置する。長尺プレートは，大きい穴に対して下側から平座金を挟み込んで六角ボルトを通しておく(図-2.8.21)。

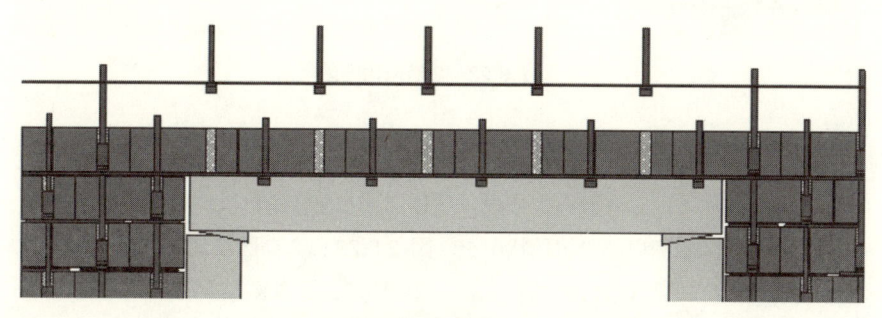

図-2.8.21　次の層の長尺プレートの配置

⑤ 平座金，ばね座金を順に煉瓦の貫通孔から出ている六角ボルトに通し，高ナットで仮止めをする（図-2.8.22）。

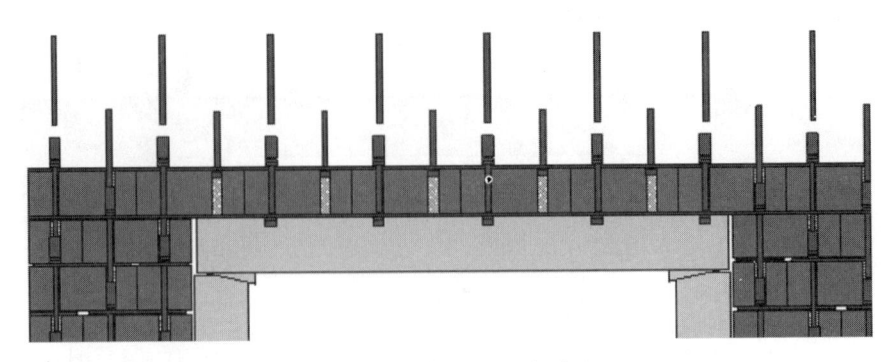

図-2.8.22　高ナットの仮止め

⑥ 開口部両端の壁体から張られたみず糸を基準にし，高ナットを一直線上に並べるように締め付ける。また，連結する六角ボルトは共回りを起こさないよう固定する（図-2.8.23）。

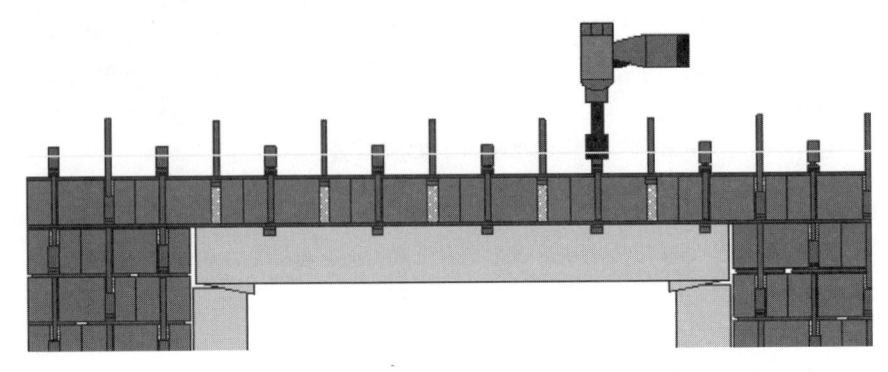

図-2.8.23　2階床組略図

⑦ 高ナットにボルトを設置する。この状態では，ボルトがある程度の自由度をもって動く。これから上の段は壁体部分と同様に組積する（図-2.8.24）。支保工を用いた開口部の組積状況を，図-2.8.25および図-2.8.26に示す。最上階以外の開口部に設置した支保工は，上階の開口部下端まで組積した後，撤去する。最上階の開口部に設置した支保工は，組積工事終了後撤去する。

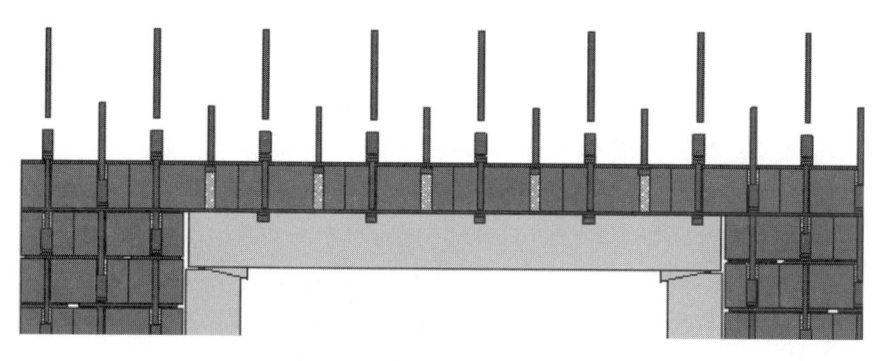

図-2.8.24　高ナットの締め付け

図-2.8.25

図-2.8.26

2.8.6 煉瓦組積・床組

プロジェクトにおける2階床組の略図を図-2.8.27に示す。プロジェクトでは、2階床を支えるためにSRB-DUPの煉瓦柱を設けた。煉瓦柱はプレートで外壁と繋げ、その上に大引を乗せ、金物を用いて根太と接合し床組みを行った。また、床に水平剛性を持たせるため、SRB-DUP組積体の42段目（2階の床レベル程度の高さ）に、通常の1mm厚プレートの替わりに2.3mm厚の床接合用プレートを挟み込んだ。床接合用プレートの設置状況を図-2.8.28および図-2.8.29に示す。床接合用プレートは、片側もしくは両側が壁面から55mmはみ出ており、この部分で床材である構造用合板とビスで接合する。床と壁の取り合い部を図-2.8.30に示す。

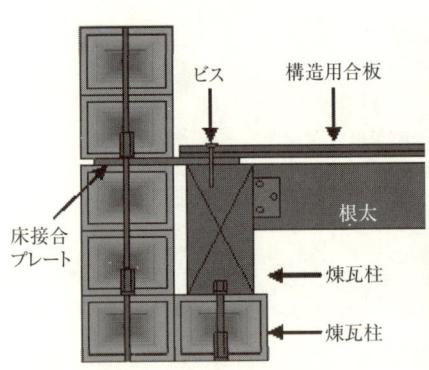

図-2.8.27　2階床組略図

図-2.8.28

図-2.8.29

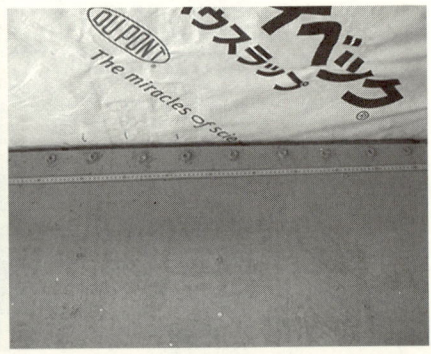

図-2.8.30

2.8.7 煉瓦組積・屋根

　プロジェクトではSRB-DUP組積体の上に屋根トラスを組んだ。このとき，煉瓦組積体の最上部で，煉瓦から出ているボルトを用いて木材を固定した。この木材は90mm×90mmの材料を使った。この材料を煉瓦最上段に置くことで，屋根の納まりは木造の納まりとした。屋根トラスが組み終わった後は野地板を張り，防水紙・屋根仕上げ材を施工した。屋根の施工状況を，**図-2.8.31〜2.8.36**に示す。

図-2.8.31

図-2.8.32

図-2.8.33

図-2.8.34

図-2.8.35 　　　　　　　　　　図-2.8.36

2.8.8　煉瓦組積・乾式煉瓦造におけるブリックベニア壁体構造

　プロジェクトは、外壁にSRB-DUP煉瓦、内壁に木材を用いたブリックベニア工法である。断熱材の内と外に中空層を設けた二重中空層工法をとっている。SRB-DUP煉瓦の内側は防水シート・無石綿ケイカル板・下地材・断熱材・バーミキュライト建材の順となっている。

　万が一乾式煉瓦の隙間から水が浸入しても内部迄入って来ないよう、防水シートを張った。1階の防水シートは2階床組の前に、2階の防水シートは2階床組の後に施工した。

　防水シートの施工状況を図-2.8.37および図-2.8.38に示す。

図-2.8.37 　　　　　　　　　　図-2.8.38

2.8 凌震構造施工

　防水シート施工後は，床組・サッシ取付を終えて，内部木下地材を設置する。下地材の設置状況を図-2.8.39 および図-2.8.40 に示す。

図-2.8.39

図-2.8.40

　サッシ取付後，内壁下地材の施工に取りかかった。下地材の施工状況を図-2.8.41 〜 2.8.44 に示す。断熱材は下地材の間に入れ，壁だけでなく1階床下・2階天井裏にも施工した。断熱材の施工状況を写真に示す。バーミキュライト建材は，下地材に直接張った。バーミキュライト建材が仕上げを兼務しているためクロス貼りは不要であった。

図-2.8.41

図-2.8.42

図-2.8.43    図-2.8.44

2.8.9 外部建具

プロジェクトでは，サッシをSRB-DUP組積体に取り付けた。開口部の周囲に木下地を配置し，これを煉瓦に固定した。サッシ取付はこの木下地とサッシの納まりとした。木下地の設置状況を図-2.8.45および図-2.8.46に示す。また，開口部の上端と下端では，普通ナットおよび六角ボルトの頭がむき出しになる。このため，木下地にははみ出した金具を隠すための加工が必要である。SRB-DUP組積体と窓サッシの隙間は，防水のためコーキングを施工した。施工後のサッシを図-2.8.47および図-2.8.48に示す。

プロジェクトの完成写真を図-2.8.49に示す。

図-2.8.45    図-2.8.46

2.8 凌震構造施工

図-2.8.47

図-2.8.48

図-2.8.49

第3章 持続可能な消費とその構法

3.1 持続可能な消費の現実

成長の限界　Growth Limit。1972年，ローマクラブが発した警告を機に生まれた概念。ローマクラブは，とりわけ，再生不能エネルギーの枯渇に関して，人口増加と工業化などが続けば100年以内に成長は限界に達すると警告した。「自然資源を利用しないで人間が生きていくのは不可能である。持続可能な方法によらなければ，地球の自然は底をついてしまう」というもので，単純にはエネルギー資源の枯渇を意味する。

産業革命は石炭をエネルギー資源としてスタートし，20世紀後半，質，すな

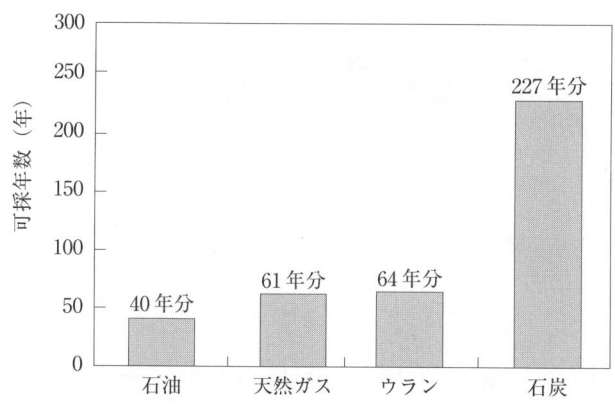

注）可採年数＝確認されている埋蔵量/2000年の生産量。ただし，ウランについては貯蔵が容易で毎年の生産量と需要量が一致しないため1999年の需要量で割った数値。需給逼迫により価格水準が高騰すれば，開発によって確認される埋蔵量が大きくなる可能性がある（天然ガスにおいて，その可能性は高いと言われている）。
[出典] BP統計2001およびURANIUM 1999 Resources, Production and Demand, OECD・NEA/IAEA

図-3.1.1　成長の限界（Growth Limit）

わち，エネルギー密度の高いエネルギー資源である石油に引き継がれて20世紀文明が深化した。その質の高い石油が需要に追いつかなくなり，遠からず枯渇するということである。

オイルピーク　　Oil Peak。深刻なのは"安くて豊富な石油"の供給能力が減退すること。北海油田が1999年に生産のピークを迎え，その後衰退していることに象徴されるように，いずれは石油生産のピークが訪れると予想され，2004年がその年ではなかったかという議論がある。そうであれば，エネルギー資源を石油のみに依存し続ける場合，世界経済は年率2〜3％で縮小する。

　我が国に限って云えば，エネルギー資源と同様に，食糧も40％程度しか自給できない。世界に依存せざるを得ないのであるが，その食糧もまた有限資源になりつつある。

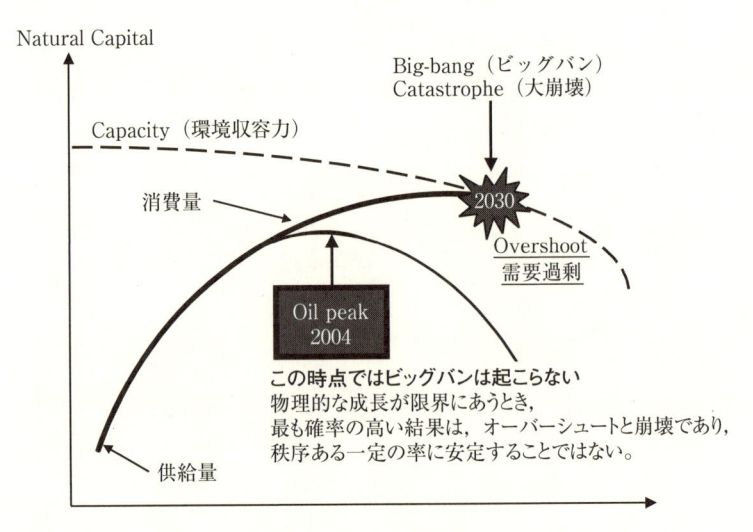

図-3.1.2　オイルピーク

地球温暖化　　Global Warming。地球温暖化は，大気中の二酸化炭素CO_2が温室効果によって地球を温暖化するという認識に基づく。1992年の国連環境開発会議(いわゆる地球サミット)における国連気候変動枠組み条約の成立によって，気候の温暖化は明白であるという認識が国際的に共有された。

　気候変動に関する政府間パネル・IPCC第4次評価報告書(2007年2月)によって，われわれは，地球の平均気温が21世紀末に，90％以上の高い確率で，1.1〜

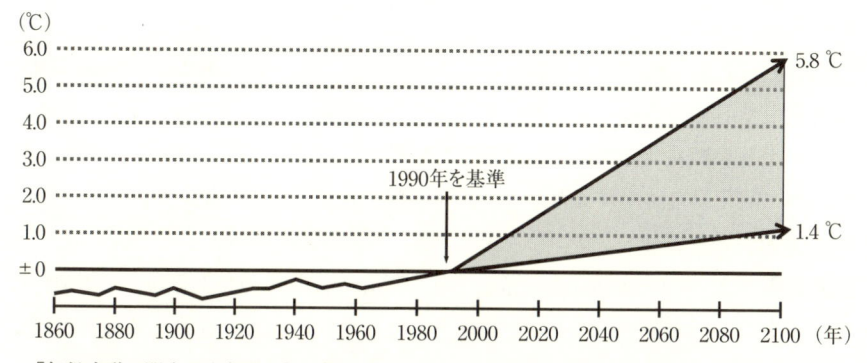

「気候変動に関する政府間パネル（IPCC*）」は，1990年から2100年までの間の地球の気温上昇の予測値を「第3次評価報告書（2001年9月）」で1.4〜5.8℃へと上方修正した。
我々は，CO_2排出に対する"SINK"すなわち「自然の物質分解作用の容量」が限られていることが，重大な自然の制約であることを知っている。

* IPCC（気候変動に関する政府間パネル）：世界有数の科学者が参加し気候変動に関する最新の科学的知見を取り纏めて評価し,各国政府にアドバイスを行う政府間機構
［出典］日本環境協会全国地球温暖化防止活動推進センター「温暖化防止ファクトシート」（元出典：IPCC第3次評価報告書第1作業部会および資料）

図-3.1.3　地球温暖化（Global Warming）

6.4℃上昇する可能性があることを知っている。1906年から2005年の間に気温は0.74℃上昇，海面は1961年から2003年の間に年1.8mmの割合で上昇していた。

　温度は熱的活動の程度を表す。温度が上昇すると，温度に依存する現象のレベルがあがると同時にその振幅が増幅する。具体的には，多分，寒暖の差が大きくなって，熱波が頻発するようになるだろう。干魃は深刻な水不足を招くだろう。大きく強くなった台風と集中豪雨は大規模な風水害を起こすだろう。都市基盤と建築は，そのような現象を設計外力として考慮する必要がある。

ACC(Abrupt Climate Change)　地球の温暖化は海面上昇，温帯の亜熱帯化などの形で現れるが，これらは50年，100年単位で進行する。こうしたゆっくりとした変化の過程で，限定された地域で極端な，一見，突発的に見える気象の急変が発生する。具体的には，極端な降水や熱波が増えてくる。このような急激な気象変動がACCである。

　欧州の気候を穏やかにしているのはメキシコ湾流であるが，温暖化によって北極の氷が溶けて大量の冷水塊が南下して，メキシコ湾流が遮断されて，欧州が一時期猛烈に寒冷化するというシナリオはACCの典型的なシミュレーションの例

である。

　ハリケーンや台風が勢力を保ったまま上陸するのも，発生域の赤道付近に加えて亜熱帯や温帯の海水温が上がっていることの影響で，温暖化の過程での暴風レベルの上昇が顕在化している。ACCは現実に甚大な被害をもたらす。また，大気中の二酸化炭素濃度が上昇して，海洋の酸性化が進む恐れがあり，海の生態系への影響が懸念される。

温室効果ガス　　Greenhouse Effect Gas。現在の大気中のCO_2濃度は約370ppmで，産業革命以前と比べて100ppm近く上昇した。これを生態系への影響が出てくる550ppm以下に安定化するには，2050年までに世界の温暖化ガス排出量を1/3減らす必要があるという。気候変動に関する政府間パネルの報告書は，温暖化ガスをただちに削減すべきと提言した。

　人の存在自体が巨大になりすぎて，これまでのシステムでは，地球とのバランスが取れなくなっていると理解される。先進諸国の自然破壊的な生産様式やライフスタイルが問題点のほとんどを含む。

　CO_2抑制が世界共通の重要課題であるにもかかわらず，再生不能エネルギーでもある化石燃料発電の構成比率は増加傾向にある。

[出典] 平成13年度版環境白書

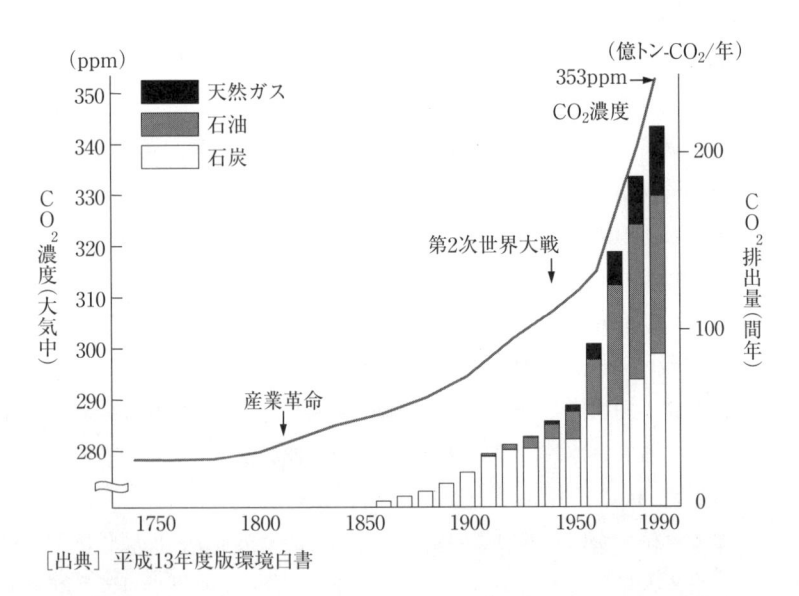

図-3.1.4　大気中のCO_2濃度の増加と化石燃料からのCO_2排出量

産業革命以降人為的に排出された
温室効果ガスによる地球温暖化への直接的寄与度
（1992年現在）

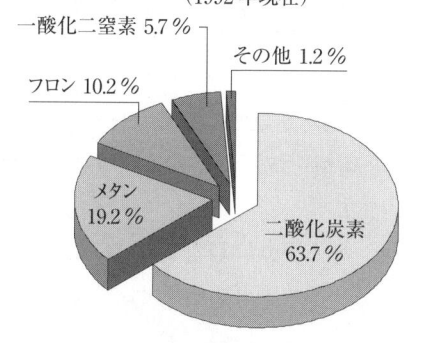

一酸化二窒素 5.7％
フロン 10.2％
その他 1.2％
メタン 19.2％
二酸化炭素 63.7％

我が国が排出する温室効果ガスの
地球温暖化への直接的寄与度
（1993年単年度）

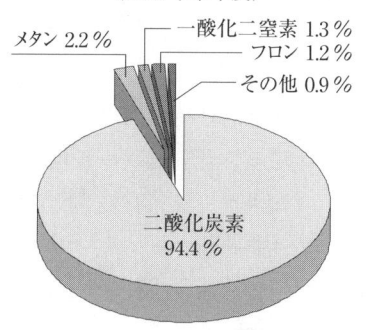

メタン 2.2％
一酸化二窒素 1.3％
フロン 1.2％
その他 0.9％
二酸化炭素 94.4％

［出典］平成13年度版環境白書

図-3.1.5 温室効果ガス（Greenhouse Effect Gas）の地球温暖化への寄与度

3.2 環境性能評価手法

　例えば「エコ尺度(eco-scale)」というような指数で評価できればいいのだが，今の現場の状況では到底不可能であろう．しかし，「エコ尺度」は，新たにさまざまな工学的専門領域を生む可能性がある．ただし，用心しなければならないのは，「エコ尺度」を創成するには微細なデータを包括的に収集することが必要になり，経済的に不可能であるかも知れないことである．例えば，木を植えることは，夏の暑さが厳しくエアコンが必要となる地域では効果的である．木には冷却効果があるのでコンクリートやアスファルトのヒートアイランド現象をかなり防ぐことができるし，逆に，冬になれば広葉樹は葉を落として日光をそのまま通すので屋内のパッシブな太陽熱利用が妨げられることもない．このような効果をどう評価するか．環境適合性に関するラベリング，例えば，住宅のエネルギー消費量を比較できる熱需要指標などが必要になるかも知れない．

　50年，100年かけて豊かな街，例えば，住んでいる人が非常に幸せだとか，心が豊かだとかを実現するにはどうしたらいいか？

　環境性能評価ツールは，環境価値をマーケットとして位置づけようという意図から生まれた．環境性能評価ツールは，次のような要請に応える必要がある．

① 厳密詳細な評価と同時に，簡易でわかりやすい指標であること．マーケッ

トは，徹底的にわかりやすさと明快さを求める。
② 共有されなければ意味がない。国際規格は人々が得た貴重な技術的知見を人類で共有するための手段としての理想と，利害関係者（ステークホルダー）の合意・妥協という現実が絡み合って作成される。
③ 普遍的技術の表現を用いてローカルな諸条件を反映しなければならない。
④ 環境性能評価ツールは，建築実務者と建築を取り巻く利害関係者とのコミュニケーションの手段である。

環境性能評価ツールは，唯一の価値観で統一あるいは抑制するのではなく，むしろ，逆に，地域性を尊重し，同時に，異なるツールの評価結果と比較参照できることが望ましい。

建築物の資産価値にも影響する建築物の総合的な環境性能評価手法が欧米のみならずアジア諸国にも急速に広まり，ISO規格も発行される状況となっている。

我が国は，建築物総合環境性能評価システム（Comprehensive Assessment System for Building Environmental Efficiency・CASBEE）を推進している。

3.2.1 環境評価の動向

(1) 各 国
- 英国・1990-2002，BREEAM（Building Research Establishment Environmental Assessment Method），2000，Arup（アラップ）・SPeAR（スピアー）
- 米国・1996-2005，LEED（Leadership in Energy and Environment Design）
- カナダ・1998-2002，GBTool（Green Building Tool）
- 台湾・1999-2003，ESGB（Evaluation System for Green Buildings）

(2) ISO

サステナブル・ビルディングの評価とラベリングにかかわる国際規格化作業（Working to formulate methods of assessing and labeling sustainable buildings to international standards）

上記における建築の環境評価に含めるべき環境性能にかかわる論点。
- 室内環境：温熱快適性，照明，空気質，騒音・音響特性
- エネルギー：運用エネルギー，効率的運用，熱的負荷，自然エネルギーの活用，建築システムの効率性
- 資源・材料：水性費，資源生産性，汚染物質の回避

- 周囲に対する環境影響：汚染

(3) 日　本

- 省エネルギー対策

    地球温暖化対策推進大綱。

    省エネ基準（エネルギー使用の合理化に関する法律1979年制定，1992年強化，1999年改正強化，2003年使用基準追加）。

    環境共生住宅市街地モデル事業等による補助。

    日本政策投資銀行における建築物の省エネルギー対策。

    住宅品質確保促進法に基づく住宅性能表示。

    建築物の省エネ性能の表示制度の推進。

- 環境問題に関する新たな取り組み

    住宅用燃料電池の実用化へ向けての取り組み。ヒートアイランド対策。

- 日本建築学会2002，サステナブルビルディング普及のための提言(Proposal for diffusion of sustainable buildings)

- 国土交通省住宅局2003，建築物総合環境性能評価システム CASBEE (Comprehensive Assessment System for Building Environmental Efficiency)

建築の持続可能性にかかわる多様な側面を，総合的に評価する仕組みを通して総合的に考えてみようという立場。総合環境性能評価システムが具備すべき条件。

① 定量的評価：客観的に定量化できるかどうか。
② マクロな視点：自然や都市から見れば，建築はそのパーツ。
③ 実態に即した理念：実態と理念とのバランス。地球環境，地域環境，建築環境の危機的状況。
④ 格付け：建築の格付けは不要。文化の多様性原理とその可能性から不快感さえ惹起する。
⑤ 豊かさ：品質評価システムの実行によって，人を幸せに，感性を豊かに，元気にさせること。

3.2.2　世界各国の環境性能評価手法

(1)　代表的な世界各国の評価手法の概要

現在，多くの国々が自国の評価手法を持つか，あるいは開発中である。1990

年，BREEAM (the Building Research Establishment Environmental Assessment Method)が発表されるまで，建築物を明確な基準に基づき広範にわたる環境問題を踏まえたかたちで，総合的に建築物の環境性能を評価する手法はほとんどなかった。それ以前は，建築物の環境性能はエネルギー利用，快適温度，あるいは照明状態などといった限られた性能についてのみ評価される場合が多かった。BREEAMが導入されて以来，建築物性能評価の分野は急速に成長し，環境評価手法の数も急激に増えている。そして，国際的にも国内的にもかなりの関心が集まっており，各国の評価手法の比較もなされるようになっている。表-3.1.1に代表的な世界各国の評価手法の概要を示す。

多数の建築物の環境評価手法が世界各国で開発され，実際に利用されているが，それらは一般的に大きく2種類のツールに分類されている。BREEANやLEEDなどは，広い範囲の評価項目を含んだ一般向けの「汎用評価ツール」として位置づけられる。

EcoQuantum(オランダ)やEcoEffect(スウェーデン)，EkoProfile(ノルウェー)などは，ライフサイクルアセスメント(LCA)の厳格さを重視した専門家向けの「LCAツール」として位置づけられる。一般的な市場向けの既存建築物の環境評価手法は，今のところ，どの評価手法もLCAベースではない。理由としては，主として方法論とデータの不足という原因があるが，それらが整備されたとしても，データ収集とその更新に莫大な費用と労力がかかるという問題は残る。

GBToolで評価した経験では，ライフサイクルエネルギー消費量や温室効果ガス排出量に関する評価項目が他の評価項目と比べて，評価作業に時間と労力がかかりすぎることが指摘されている。LCAに関する評価を展開する際は，総合的な性能の中における個々の評価項目の重要性を考慮する必要がある。

(2)　評価手法の重要な特色

典型的な評価手法には以下のような特色を持っている。

a.　広範で明確な評価項目と評価基準

既存の建築物の環境評価手法における評価項目や種類にはかなりの違いがある。例えば，GBToolでは90以上にも及ぶ評価項目とそれに準ずる細評価項目がある。台湾のESGBシステムでは，9つの評価項目があるだけである。

評価項目の数や構成，評価手法の厳密さは，技術面と実用面での両方の条件によって変わってくる。

3.2 環境性能評価手法

表-3.1.1 代表的な世界各国の評価手法の概要

		BREEAM	NABERS	LEED	GBTOOL	ESGB	SPeAR
発祥国		イギリス	オーストラリア	アメリカ	カナダ	台湾	イギリス
進展状況		・1990年、新しいオフィス用バージョンが初めて発表される ・スーパーストアバージョン(1991) ・工業バージョン(1993) ・新築オフィス用第2版(1993) ・家庭用新バージョン(2000) ・新築及び既存オフィスバージョン(1998) ・オフィスバージョン(2002)	・2001年初めて発表される ・実施の早い段階にあり、実績はまだない	・1996年最初の草案 ・1999年LEEDバージョン1 ・2000年LEEDバージョン2 ・2005年LEEDバージョン3(予定)	・3回のグリーンビルディングチャレンジの過程において開発され、使用される ・GBC98 ・GBC 2000 ・GBC 2002	・1999年に初めて発表される ・2003年に改訂版が出される	・2000年Arupによって開発される
適用建物用途		・商業用オフィス(新築、既存) ・住宅用 ・小売店、スーパーマーケット ・産業ユニット	・商業用 ・住宅用	・商業用建物 ・工場建物 ・住宅の新築あるいは改装	・全ての用途の建物	・全ての用途の建物	・全ての用途の建物
評価項目		・管理 ・エネルギー ・健康と快適さ ・汚染 ・交通 ・土地利用 ・材料 ・敷地の生態的価値 ・水の消費および効率	・土地 ・材料 ・エネルギー ・水 ・内装 ・資源 ・交通 ・廃棄物	・敷地開発の条件 ・エネルギー、大気 ・水効率 ・材料と資源 ・室内環境の質	・資源消費 ・環境負荷 ・室内環境の質 ・サービスの質 ・経済的成果 ・運用前の計画及び監督	・緑 ・土地の合水率 ・節水 ・エネルギー節約 ・二酸化炭素排出 ・廃棄物の削減 ・生物的多様性 ・室内環境の質	・環境 ・天然資源 ・社会 ・経済関連
スコアリング		・評価項目、基準値ごとに単位位置 ・総合得点の算出には一連の重み係数を用いる ・得点をFair/Pass、Good、Very Good、Excellentというランキングに換算	・各項目の得点から総合得点を算出 ・得点をGreen、Bronze、Silver、Gold、Platinumというランキングに換算	・必須条件を満たすこと ・合計点に基づくランキング ・得点をCertified、Silver、Gold、Platinumというランキングに換算	・参照値に対し、各評価項目は-2点から5点を得点 ・4段階の重み係数 ・デフォルトの重み係数の評価項目と得点の重みはこれらに支えられるが、ナショナルルールによる評価組織の重みは決まっていない	・採点方法は今のところ不完全 ・各区分は、具体的な性能目標としての点数値に一通りに定義されている ・評価点数化されていない	・各指標は-3点から3点を使って「最高点」から「最悪」に至るケースのシナリオを得点化 ・持続性の基準をまとめたうえ使用、プラスマイナスに影響を示している
実施主体及び評価プロセス		・BREが認定した第三者による評価が行われる ・現在32社がBREEAMの実施を登録している	・ランキングシステムを確かめ、開発を促進するための一連のプログラム ・プロジェクトの実施工程までが確定される	・プロジェクトはまずUSGBCに登録しなければならない ・デザインチームによる建物の自己評価で、技術的な支援や得点の解釈はオンラインで行われる ・プロジェクトと評価の情報を認定されるためにUSGBC提出	・GBCに参加するインターナショナルチームによる評価の実施 ・今のところ、市場での実用評価よりは研究開発者とのツールの参照ツール	・評価諮問委員会及びユーザーパネルによるソフトウェアのネットワークによる支援 ・科学技術諮問委員会の環境問題の議論に対応する ・USGBCがトレーニングセクションを提供	・Arupの社内で使われ、環境コンサルサービスを提供 ・現在、外部関係者とのツールを使えるように実施設計契約モデルを作る
支援体制		・BREが評価者の訓練などを行う	・既存のプログラムが始動されるあるいはそれを引き継ぐことができる	・技術諮問委員会とパネルによるアメリカのグリーンビルディング関連の技術的な支援のネットワークによる支援 ・科学技術諮問委員会の環境問題の講義に対応する ・USGBCがトレーニングセクションを提供	・評価プロセスと環境問題を示したユーザーガイドと実用マニュアル ・GBCの事務局による調査及びフィードバックでの品質管理	・全ての政府環境関連団体及びその助成を受ける建物(50%以上)の助成、建設許可を申請前にビルディング認定としての認定を得るかけられている	・持続性の開発についてエンコンサルサービスを提供するために、ビルディング形式でのツールを開発している
効果		・新しいオフィスビルの25%はBREEAMによって評価されている ・イギリス国内でも評価され、国際的にも広く用いて普及	・効果を判明するには早すぎる	・約400の建物が認定申請 ・アメリカのグリーンビルディング関連して、非常に大きな関心と影響を与えている	・建築物の環境評価手法に関する国際的な認識を生み出し、評価手法の試行したい国に建設的なツールとしての認識を与えたと考える	・情報なし	・現在Arupが持続可能性会社内の問題について教育を続けながら、Arupが引き続き開発を提供している

第3章

57

- 評価の実用性とコスト－評価項目の数は多ければ多いほど結果を収集して分析する労力も増える。
- 訓練された評価者によって，あるいは自己評価を通して，繰り返し信頼できる評価を下す能力，あるいは，現在利用されている任意の自己評価による評価手法の信頼性は，評価結果に一貫性があるかどうかに左右される。すなわち，同じ建物を異なる評価者が評価した場合，本質的に同じ性能評価を下すはずである。しかしながら，評価手法に評価者の個人的な判断に基づく定性的な評価項目が多く含まれる場合には，評価結果の大きな違いが予想される。
- 評価項目や計算方法，測定方法に関して，信頼性，重要性の面での一般的な合意があるかどうか。一般的に評価には，以下の評価項目が含まれる。

　　資源消費：エネルギー，水，材料および土地
　　環境負荷：温室効果ガスの排出，固体廃棄物，液体排出など
　　室内環境：室内の空気質，温熱条件，照明や騒音

　他に，順応性や適応性，近隣への影響，公共の交通機関や自転車施設に近いところによる自動車使用の減少などといった評価項目が考えられる。

　既存の評価手法は異なる種類の建築物の扱い方に大きな違いがある。LEEDなどは新築の建築物と既存の建築物とでは，異なる手法を備えたバージョンを提供しており，BREEAM98などは，両方あわせてひとつのバージョンにしている。ここにいうバージョンとは，特定の建築物の種類あるいは状況に関する評価項目を含んだそれだけで十分な文書を指す。BREEAMやLEEDなどは建築物の用途ごとに別々のバージョンを用意するものもあるし，GBToolやNABERSなどのように共通の枠組の中で，さまざまな用途の建築物を評価するものもある。

b. 性能の採点

　既存の評価手法は，あらかじめ定められた性能目標値に達している場合に，目標値ごとの点数が得られるという得点方式を基本としている。評価結果の表示の仕方としては，二通りの方法がある。

　一つ目の方式は，個々の環境評価項目あるいは評価項目のグループそれぞれについて，単純にその得点や取得単位の合計値として示す方式。各評価項目の相対的な重要性は考慮せず，それぞれの評価項目について異なる得点システムを用いて採点する。すべての評価項目の重要度が同じであると仮定して，単純な合計点数が総合点として与えられる。BREEAMやLEEDはこの方式を用いている。

二つ目の方式はあるひとつの尺度に基づいてすべての評価項目を評価し（例えば，すべての基準に－2から＋5点まで），総合点を出す前に各項目の重要度の差を考慮するために重み係数をかける。総合点は，各評価項目の得点数と重み係数を掛け合わせた値の合計である。GBToolやSpeARがこの方式を用いている。

c. 建築物全体の得点

　さまざまな評価分野ごとに得られた得点により，建築物の環境性能の高性能な部分とそうでない部分を明らかにするには，評価分野ごとに別々に表示することが効果的である。一般的には個々の評価項目の得点を扱いやすい点数として，まとめて表示する必要がある。GBToolでは評価部門ごとの得点に，重み係数をかけ，点数として表示する。それに対して，LEEDは得点に応じてランク付けを行う。

　ある環境問題は明らかに他の問題よりも重要である場合があり，また重要度や優先順位は時間とともに，また建築物の種類ごとに，あるいは地域によっても変わってくる。評価項目ごとの相対的な重要性を考慮して重み係数をかけることは，慣習として受け入れられており，建築物全体の性能得点に対してもかなりの影響を与え得る。環境問題に対して，さまざまな状況や地域で利用できるような合理的で正当性があり，信頼できる重み係数を導き出すことが，この分野における重要な課題となりつつある。

d. 最終結果の伝達

　性能評価は，目的達成のための一手段にすぎず，重要なのは，評価の結果やプロセスの情報に基づいて決定を下す能力であり，このことが環境性能評価の最も重要な点である。評価のわかりやすさは，評価項目の数に関係してくる。評価項目がひとつ増えるたびに建築物のオーナーや利用者そして一般の人々にとって，評価の結果を理解することが難しくなる。また，評価の透明性も薄れてしまう。詳細に関して妥協することなく，環境性能評価が明確かつ簡潔に伝わるように結果を提示することが重要な課題である。

　数値的な点数の提示に加えて，建築物の性能の高低を表現するために，図的表現を用いる手法もいくつかある。例えば，SPeARは，ひとつのレーダーチャートを区切り，提示されたサステナビリティの特性について相対的な性能を示している。

　多様な性能を代表的な単一の尺度に転換して，建築物が達成した環境性能ごと

にラベリングを行う場合もある．現在使われているラベルは，BREEAMにおける「Fair」「Good」「Very Good」「Excellent」，あるいは，LEEDにおける「Certified」「Silver」「Gold」「Platinum」などがある．

e. 評価の実施

評価の信頼性は，評価における客観性が本物なのか，見せかけなのかに関連しており，誰が評価を実施するのかが重要事項である．もし評価ツールがただ単に設計ガイドラインとして使われるだけならば，こういった問題はそれほど重要ではない．しかし，もし建築物を評価結果によって格付けするのであれば，明らかにより高いレベルの品質管理が必要である．評価プロセスの取扱い，そしてその管理は下記の事項が参考となる．
- 訓練を受けた専門家を伴った，あるいは伴わない自己評価(NABERS)
- 訓練を受けた専門家による自己評価と第三者による評価結果の審査(LEED)
- 民間部門コンサルティング会社において評価者を訓練し，評価を実施するために免許を与える(BREEAM)

これまでの経験では，開発事業者は，ラベリングをマーケティング手法の一部として使うために性能ラベルをできるだけ早い段階で必要とする傾向がある．

NABERSは，段階的なアプローチを使ってこの問題に対処しており，デフォルト値に基づいて最初の評価を行ったあと，実測データからの予測に基づいた評価に置き換えている．

3.3 環境効率・BEE

3.3.1 定 義

総合環境性能評価表示は，地域と深くかかわる専門家や市民，住民側からいろいろ変えていって豊かにしていくシステムである．

建築の総合的な環境性能を評価する建築物総合環境性能評価システム・CASBEEにおける環境効率・BEEは次式で与えられる．

$$\text{BEE} = Q/L$$

ただし，記号は，Q =建築の質，L =環境負荷．

3.3.2 課題

(1) 式の形：Q/L
- 負荷 L も質 Q も大きい先進諸国と，負荷 L も質 Q も低い発展途上地域で Q/L が同じ値になってしまうこと。
- 建物の快適度を維持しながら負荷を減らす。分母を下げると同時に分子を上げる努力を促す。これまでの負荷をたくさん出しながら質を上げることはもう止めようという提案。
- 敷地の中を閉鎖系(仮想閉空間)として，建築の価値を発生する環境負荷で割るという設定でよいか(単体規定)。
- 自然/国土/都市全体の判断があって然るべきである。すなわち，Q/L は，個別の建物よりもエリアで求めるべき。

(2) 定量的評価

BEE は，経済や産業行為の環境にかかわる指標としての環境効果(Eco-Efficiency)を建築に適用したもの。評価対象のエリアを限定せずに BEE を特定することは，理念として存在するが，現実には，ユーザーや設計者の責任範囲において定量的に(具体的な形で)評価することはほとんど不可能である。

(3) 感性評価

BEE は，建物の美しさといった審美的観点でのデザイン性の評価は取り扱わない。

(4) 経済性評価
- BEE は，経済性に関する評価は含まれていない。
- CASBEE においては，投資対効果の評価は個別の事業環境に応じた建築主の判断に委ねるべきものと考える。
- CASBEE の評価システムにおいて高い(S，A クラス)評価を得るには標準的な建築物よりも高い費用がかかる場合が多い。

3.3.3 CASBEE による総合環境性能評価表示

サステナビリティ推進のための方策。サステナブル建築を推進する手段として環境建築教育，情報発信，法律等による規制などが考えられるが，最も実効性のある手法は，評価システムに基づく市場メカニズムの導入といわれている。現

に，1980年代後半からサステナブル建築推進の動きが急速に広がるなかで，BREEAM（Building Research Establishment Environmental Method），LEED（Leadership in Energy and Environment Design），GBTool（Green Building Tool）等，多くの建築物の環境性能評価手法が広く世界的関心を集めるに至っている。そして，評価の実施および結果の公表は，今や建物の発注者やオーナー，設計者，ユーザー等に対する優れたサステナブル建築を開発し普及するためのインセンティブとして最も有望な方策の一つと見られている。このような評価システムの一つとしてCASBEEが開発され，以下に示すようなさまざまな活用目的に対応できるものを目指している。

① 設計者のための環境配慮設計（DfE）への活用
② 建築物の資産評価に利用可能な環境ラベリングへの活用
③ ESCO事業やストック改修への利用を視野に入れた環境性能診断・改修設計への活用
④ 建築行政への活用

3.3.4　CASBEEによる評価のしくみ

　CASBEEでは敷地境界等によって定義される「仮想境界」で区分された内外2つの空間それぞれに関係する2つの要因，すなわち「仮想閉空間を超えてその外部（公的環境）に達する環境影響の負の側面」と「仮想閉空間内における建物ユーザーの生活アメニティの向上」を同時に考慮し，建築物における総合的な環境性能評価の仕組みを提案した。

　CASBEEではこれら2つの要因を，主要な評価分野QおよびLとして次のように定義し，それぞれ区別して評価する。

● Q（Quality）建築物の環境品質・性能：仮想閉空間内における建物ユーザーの生活アメニティの向上を評価する。
● L（Loadings）建築物の外部環境負荷：仮想閉空間を超えてその外部（公的環境）に達する環境影響の負の側面」を評価する。

　評価項目は図-3.3.2に示すような環境性能効率（BEE）の分子側Q（建築物の環境品質・性能）と分母側L（建築物の外部環境負荷）に分類される。QはQ_1：室内環境，Q_2：サービス性能，Q_3：室外環境（敷地内）の3項目に分けて評価し，Lは，L_1：エネルギー，L_2：資源・マテリアル，L_3：敷地外環境の3項目で評価する。

3.3 環境効率・BEE

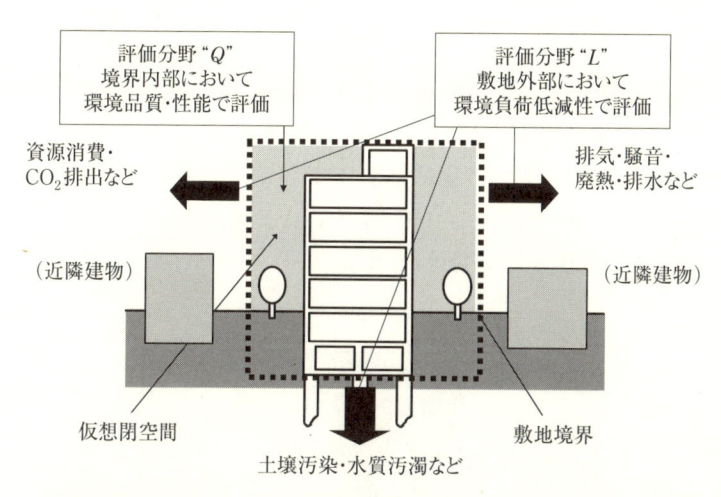

図-3.3.1 仮想閉空間の概念に基づく「Q 建築物の環境品質」と「L 建築物の外部環境負荷」の評価分野の区分[1)]

$$\begin{cases} Q_1：室内環境 \\ Q_2：サービス性能 \\ Q_3：室外環境（敷地内） \end{cases} \text{BEEの分子}$$

$$\begin{cases} L_1：エネルギー \\ L_2：資源・マテリアル \\ L_3：敷地外環境 \end{cases} \text{BEEの分母}$$

図-3.3.2 Q（建築物の環境品質・性能）と L（建築物の外部環境負荷）による分類

環境性能効率（BEE）は Q と L の二つの評価区分を用いた CASBEE の主要概念である。ここで，BEE（Building Environmental Efficiency）とは Q（建築物の環境品質・性能）を分子として L（建築物の外部環境負荷）を分母とすることにより算出される指標である。

$$\text{環境性能効率（BEE）} = \frac{Q（建築物の環境品質・性能）}{L（建築物の外部環境負荷）}$$

BEE を用いることにより，建築物の環境性能評価をより簡潔・明確に示すことが可能になった。**図-3.3.3** のように横軸の L に対して縦軸に Q がプロットされる時，グラフ上に BEE 値の評価結果は原点(0,0)と結んだ直線の勾配として表示さ

れる。Qの値が高く，Lの値が低いほど傾斜が大きくなり，よりサステナブルな性向の建築物と評価できる。この手法では，傾きに従って分割される領域に基づいて，建築物の環境評価結果ランキング(環境ラベリング)することが可能になる。グラフ上では建築物の評価結果を BEE 値が増加するにつれて，C ランク(劣っている)から B－ランク，B＋ランク，A ランク，S ランク(たいへん優れている)としてラベリング(格付け)される。

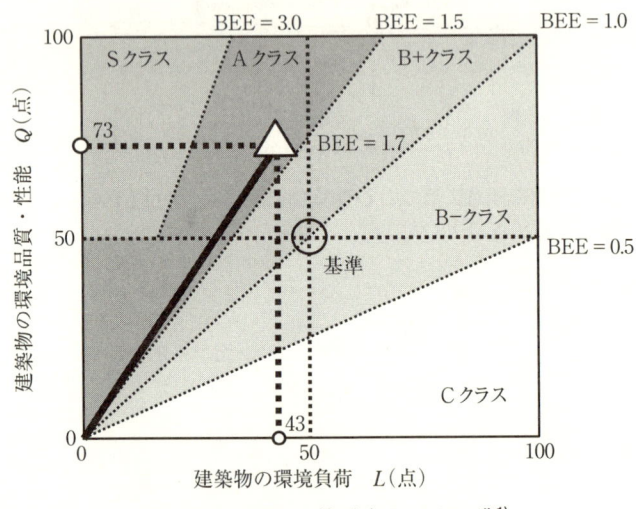

図-3.3.3　BEE に基づくラベリング[1]

参考文献
1) 村上周三 他：CASBEE の背景・開発理念・概要，日本サステナブルビルディングコンソーシアム

3.4　マクロ BEE

3.4.1　石油消費量基準マクロ BEE

環境効率・BEE(Building Environmental Efficiency)は，建築物総合環境性能評価システムにおける建築の総合的な環境性能を評価する係数として次式で与えられる。

$$BEE = Q/L$$

記号 Q は建築の質。仮想閉空間内における建物ユーザーの生活アメニティの向

上を評価する。記号 L は建築物の外部環境負荷。Q の値が高く，L の値が低いほど環境効率・BEE は大きくなり，よりサステナブルな性向の建築物と評価する。

Q 値は，生活の快適性を評価するもので，豊かさの指標でもある。豊かさは，第一義的には，生活必要手段の物質的な充足であり，その現象形態は貨幣量で計量される。

環境効率・BEE の概念を用いて国・地域のマクロ評価を試みる。Q 値のマクロ指標として，一人当たりの国内総生産・GDP。L 値のマクロ指標として，一人当たり石油消費量を用いる。石油は CO_2 を排出し環境負荷の大きい化石燃料である。算出される係数をマクロ BEE と呼ぶ。

マクロ BEE の分子 Q = 一人当たり GDP（100 米ドル／人）
マクロ BEE の分母 L = 一人当たりエネルギー消費量（石油トン／人）
ラベリング（格付け） = 世界平均を基準（macroBEE=1.0）

マクロ BEE は，その国・地域のマクロな環境効率を表す指標となる。世界主要国のマクロ BEE を図-3.4.1 に示す。

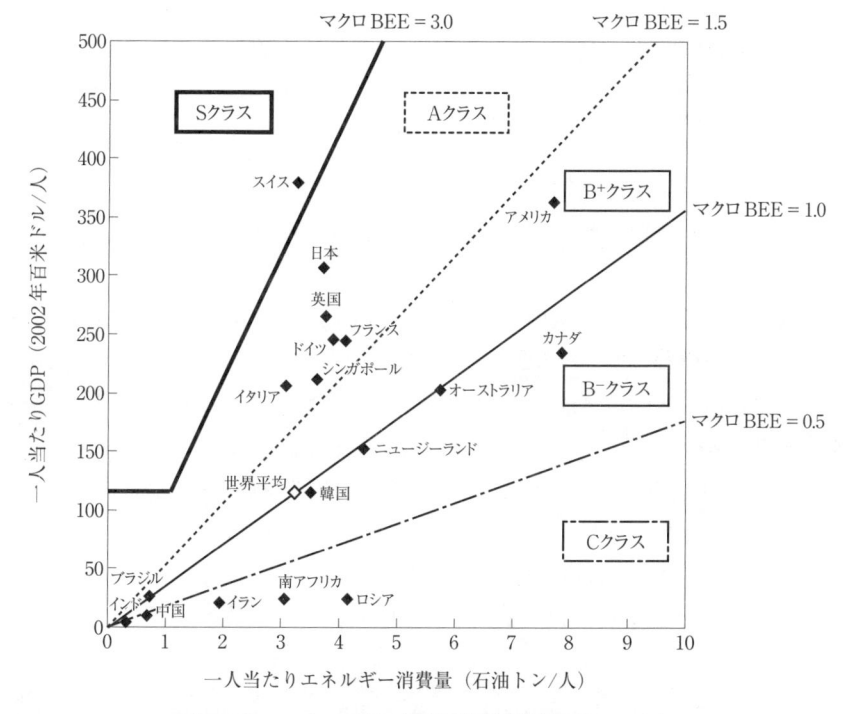

図-3.4.1　マクロ BEE（石油消費量基準・2002 年）

3.4.2 CO_2 排出量基準マクロ BEE

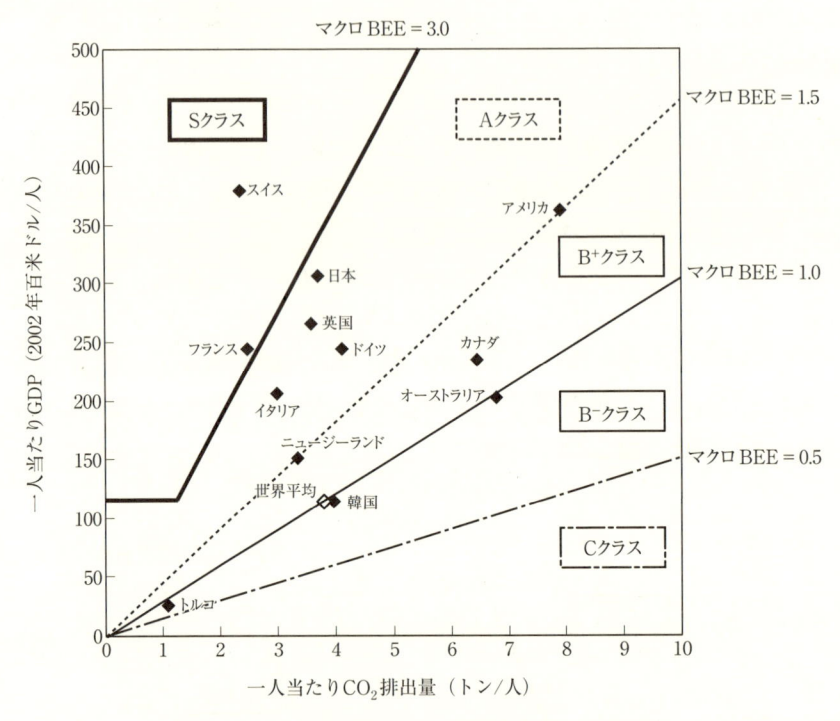

図-3.4.2　マクロ BEE（CO_2 排出量基準・2002 年）

　環境効率 BEE 表示による CO_2 排出に関する国・地域のマクロ評価を試みる。Q 値のマクロ指標として，一人当たりの GDP（国内総生産），L 値のマクロ指標として，CO_2 排出量（一人当たり）を用いる。算出される係数を CO_2 排出量基準マクロ BEE と呼ぶ。

　　　macroBEE の分子 Q ＝一人当たり GDP（100 米ドル／人）
　　　macroBEE の分母 L ＝一人当たり CO_2 排出量（トン／人）
　　　ラベリング（格付け）＝世界平均を基準（macroBEE＝1.0）

2002 年における世界主要国のマクロ BEE を示す。

3.5 マクロ評価Sクラス・スイスのエネルギー構成

世界の主要国におけるマクロBEEの推移を図-3.5.1に示す。スイスがこの40年間,一定してトップである。スイスと我が国との電源比較を見ると,図-3.5.2のようになり,スイスの電源は,圧倒的に水力と原子力に依存している。電源のライフサイクルCO_2排出量とエネルギー資源の利用比率EPRとの相関より明らかなようにこの選択は合理的である。

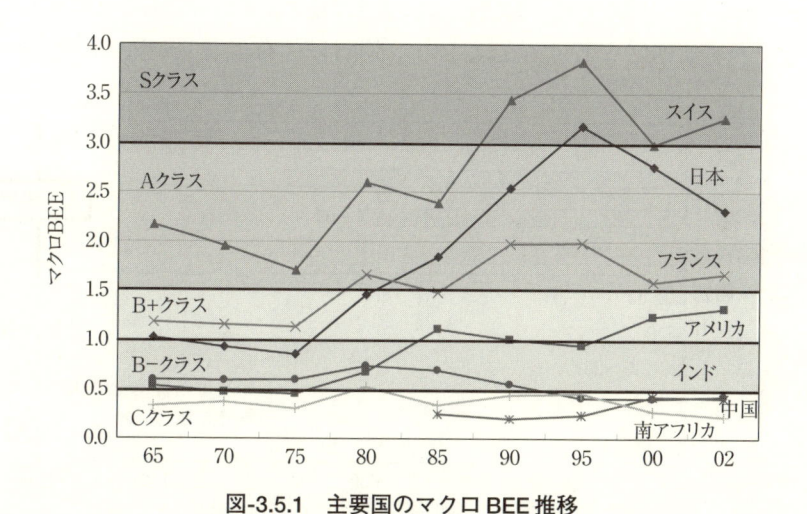

図-3.5.1 主要国のマクロBEE推移

図-3.5.2 スイスと日本の電源比較

3.6 持続可能なエネルギーの選択

3.6.1 各種電源のライフサイクルCO_2排出量

温暖化ガスといわれるCO_2の排出について、ライフサイクルCO_2排出量（g-CO_2/kWh）で、再生可能エネルギーと呼ばれる水力（11）、地熱（15）、その中でもとくに新エネルギーと呼ばれる太陽光（31）、風力（30）、または、石油代替エネルギーである原子力（22～25）に比較して、再生不能エネルギーである天然ガス（519～608）、石油（742）、石炭（975）などの化石燃料のCO_2排出量が極端に大きい。

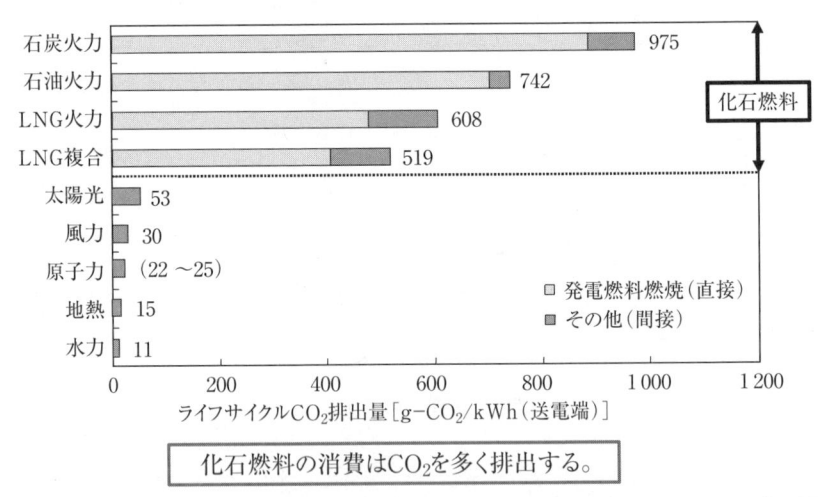

```
石炭火力  975
石油火力  742
LNG火力   608
LNG複合   519
太陽光    53
風力      30
原子力    (22～25)
地熱      15
水力      11
```
ライフサイクルCO_2排出量 [g-CO_2/kWh（送電端）]

凡例：発電燃料燃焼（直接）／その他（間接）／化石燃料

化石燃料の消費はCO_2を多く排出する。

［出典］原子力は、電力中央研究所の「ライフサイクルCO_2排出量による原子力発電技術の評価平成13年8月」原子力以外は、電力中央研究所「ライフサイクルCO_2排出量による発電技術の評価平成12年3月」

図-3.6.1　各種電源のライフサイクルCO_2排出量

3.6.2 エネルギー利用比率・EPR（Energy Profit Ratio）

各種電源のEPR（＝出力のエネルギー/入力のエネルギー）を**図-3.6.2**に示す。EPR（Energy Profit Ratio）は、エネルギー利用比率といい、エネルギーを生産するのにどれだけのエネルギーを投入したかを測る。コスト的に利益が出るエネルギー資源（EPR≧1.0）を使う。

3.6 持続可能なエネルギーの選択

EPR＝1（損得なし）　コスト的に利益が出るエネルギー資源を使う
損失｜利益　日経新聞2006.7.2を基に作成，エタノール以外は発電をEPRで評価

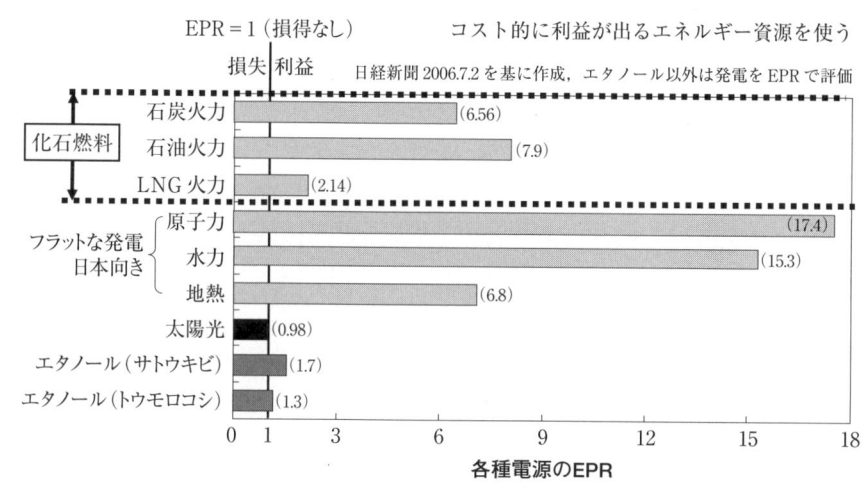

化石燃料
- 石炭火力 (6.56)
- 石油火力 (7.9)
- LNG火力 (2.14)

フラットな発電 日本向き
- 原子力 (17.4)
- 水力 (15.3)
- 地熱 (6.8)

- 太陽光 (0.98)
- エタノール（サトウキビ）(1.7)
- エタノール（トウモロコシ）(1.3)

0　1　3　6　9　12　15　18
各種電源のEPR

エネルギー利用比率・EPR（Energy Profit Ratio）＝エネルギーを生産するのにどれだけのエネルギーを投入したかを測る。 EPR＝出力のエネルギー／入力のエネルギー
［出典］石井吉徳：最後の石油争奪戦（FAJ Information No.132/2007.1）より作成

図-3.6.2　エネルギー資源の利用比率EPR

3.6.3　エネルギー資源の選択

　各種電源のライフサイクルCO_2排出量とエネルギー資源の利用比率EPRとの相関を**図-3.6.3**に示す。石炭，石油，LNGなどの化石燃料系電源に比較して，原子力，水力，地熱などの電源のEPRが大きく，水力は原子力に次いで，ほぼ同等のエネルギー利用比率であり，スループットを大きくするエネルギー資源である。我が国は年間降水量にも恵まれており，有力な循環資源である。

　大規模な原子力発電所や石炭火力発電所は，24時間を通じて需要されるベース電力を供給する。需要に応じて簡単に起動したり止めたりはできない。そのため，時間の変化によって，あるいは季節の変化によって電力需要が増加すれば，大規模なダム式水力発電所などのピーク用発電所を短期的に起動させることになる。この電気の単価は高いため，ピーク需要を省エネによって削減する方が経済的メリットが大きくなる。しかも，ピーク時間帯の節電のコストは低負荷時の節電のコストと同等ではないので，ピーク電力需要の引き下げは，必ずしも電力会社の収益を減らさないし，太陽光発電などを有効に活用できる基盤条件を整備するものでもある。

　日本の年間の電力消費傾向は，夏期8月にピークを示す（**図-3.6.4**）。真夏の1

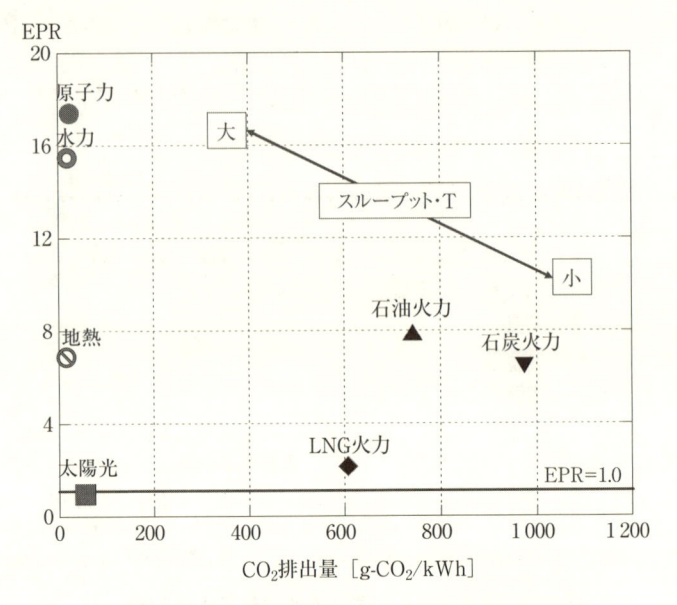

図-3.6.3　ライフサイクルCO_2排出量とEPRの関係

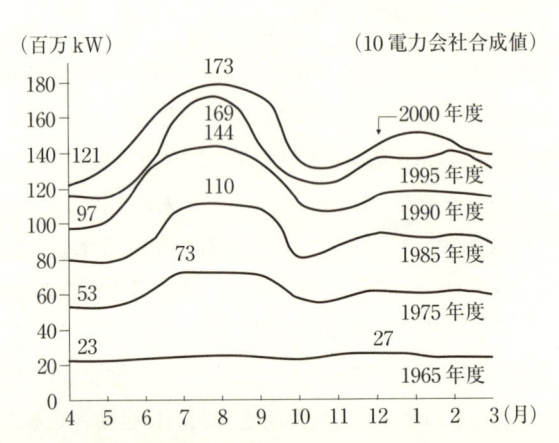

注）1965，1975年度の数値については，9電力会社合成値
［出典］電気事業連合会調べ

図-3.6.4　日本の年間の電力消費傾向は，夏期8月にピークを示す

3.6 持続可能なエネルギーの選択

日の電力消費傾向は，14時から15時にかけてピークを示す(**図-3.6.5**)。真夏の1日の電力消費傾向は，真夏の晴れた日の気温の日変化に追随している(**図-3.6.6**)。

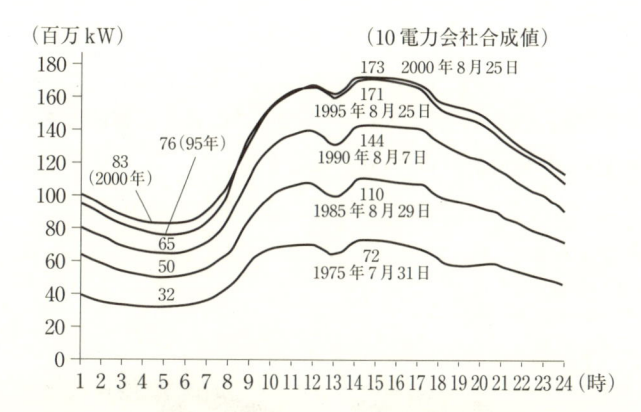

図-3.6.5 真夏の1日の電力消費傾向は，14時から15時にかけてピークを示す

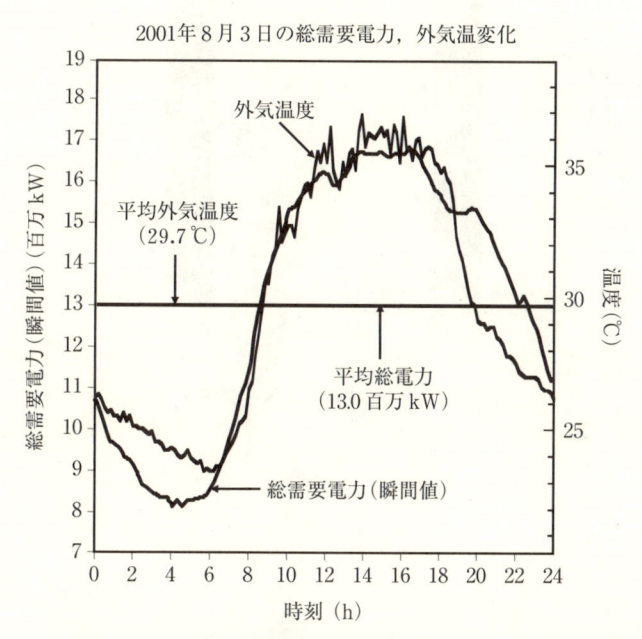

図-3.6.6 電力の発電量は外気温の変化に追随する

3.7 D-BHS とその室内熱環境

3.7.1 D-BHS

D-BHS(DUP style Brick House System)のオリジナルはオーストラリアのブリックベニア(Brick Veneer)，フルブリック(Full Brick)構法である。これらの中空壁構法(Cavity Wall)をベースモデルとした。

D-BHSプロジェクトモデルは，通気層と循環空気層を有するダブル中空層で，煉瓦壁が構造体である。

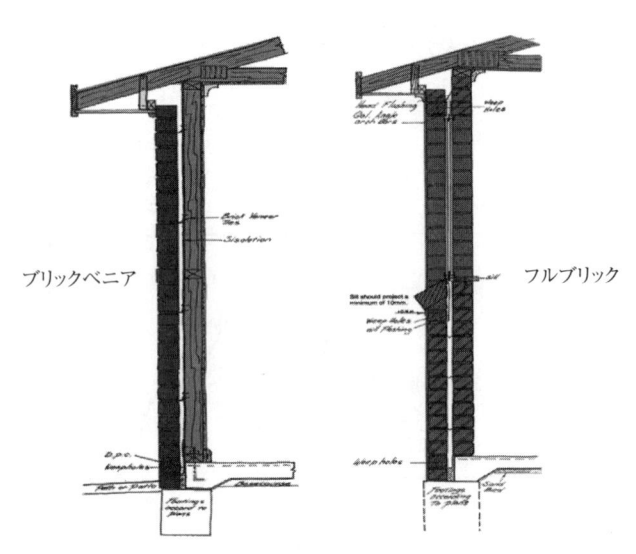

図-3.7.1 D-BHS のベースモデル

3.7 D-BHSとその室内熱環境

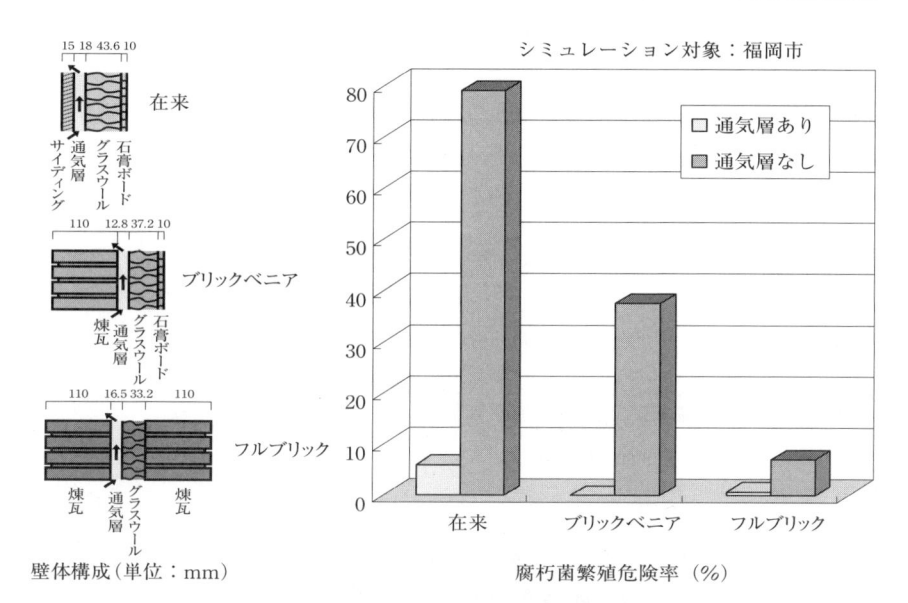

図-3.7.2 ブリックベニア工法は結露しない

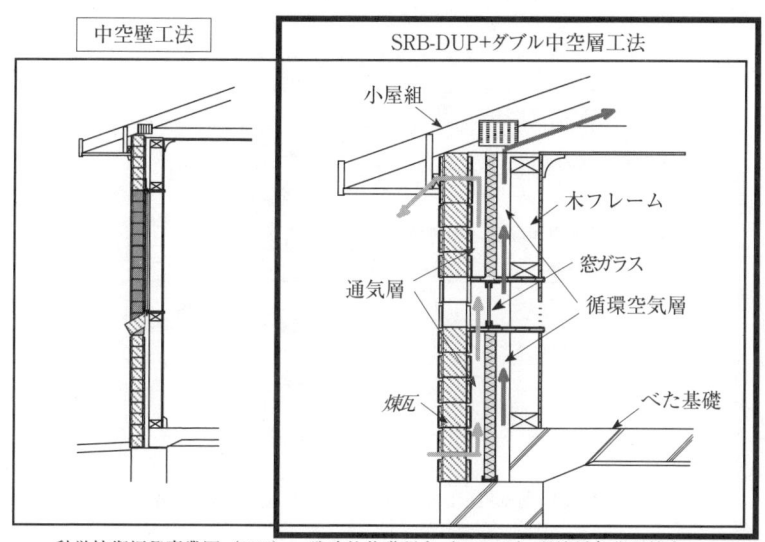

壁体構成(単位：mm)

シミュレーション対象：福岡市

腐朽菌繁殖危険率（%）

図-3.7.3 プロジェクトモデル

科学技術振興事業団（JST）・戦略的基礎研究（CREST）環境低負荷型社会システム「セラピューティック煉瓦造住宅システム（BHS）」プロジェクト

3.7.2 室内熱環境

D-BHSは，夏季にエアコンを使わないでフラットな室温日変化を実現する。

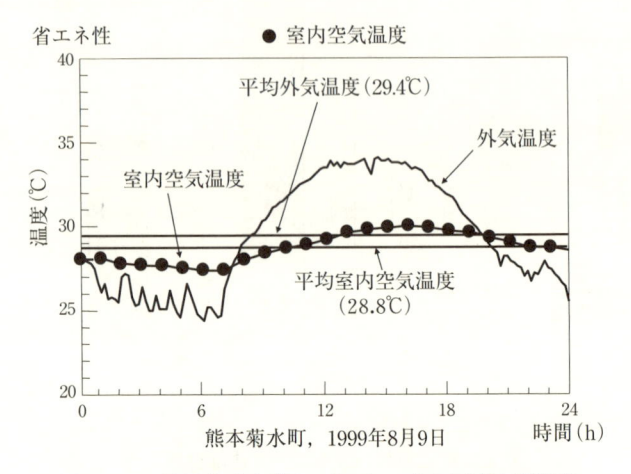

図-3.7.4 煉瓦住宅(ブリックベニア)の日間室温変化
夏季にフラットな室温日変化を実現する

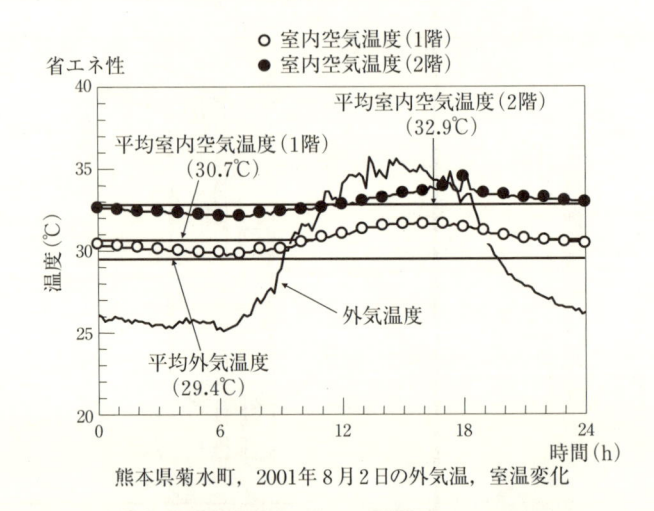

(熊本菊水町，1999年8月9日)

図-3.7.5 煉瓦住宅（フルブリック）の日間室温変化
夏季にフラットな室温日変化を実現する

(熊本県菊水町，2001年8月2日の外気温，室温変化)

3.7 D-BHSとその室内熱環境

高断熱高気密住宅の日間室温変化を示す(図-3.7.6)。

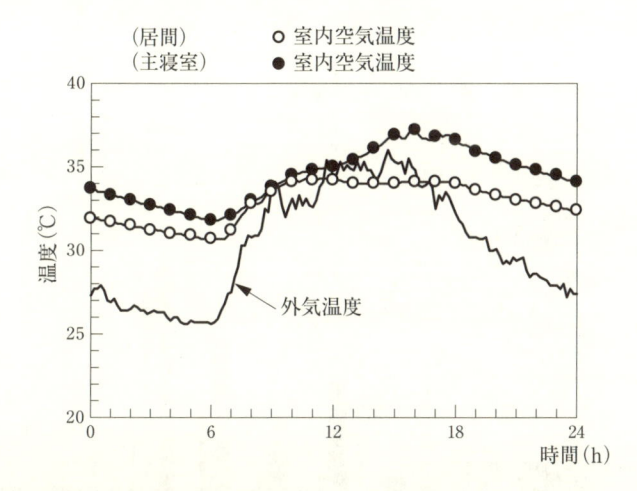

図-3.7.6 高断熱高気密住宅の日間室温変化(カナダ輸入住宅：鹿児島県，2000.8.24の室温，外気温変化)

典型的な木造一戸建ての日間室温変化を示す(図-3.7.7)。

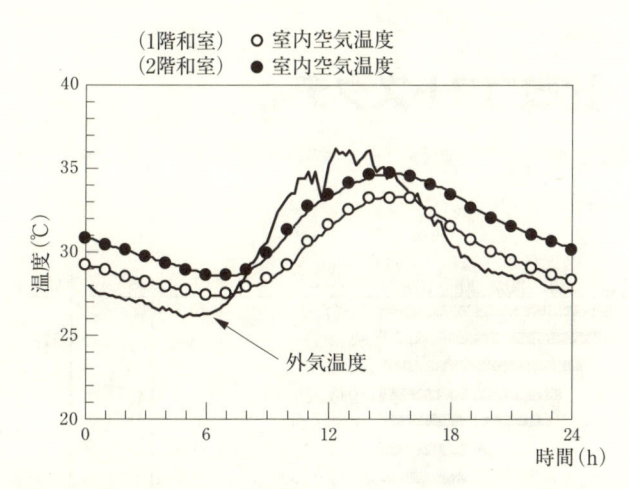

図-3.7.7 木造住宅の日間室温変化(典型的な木造一戸建て，福岡県，2001.8.17の室温，外気温変化)

3.7.3 快適時間率

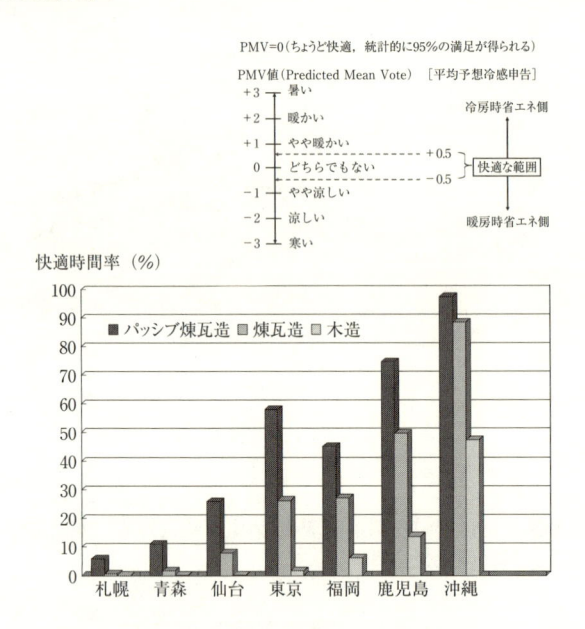

PMV=0（ちょうど快適，統計的に95%の満足が得られる）
PMV値（Predicted Mean Vote）［平均予想冷感申告］
+3 暑い
+2 暖かい　　　　　　　　　　　　冷房時省エネ側
+1 やや暖かい
　　　　　　　　　　　　　+0.5
 0 どちらでもない　　　　　　　　　　快適な範囲
　　　　　　　　　　　　　−0.5
−1 やや涼しい
−2 涼しい　　　　　　　　　　　　暖房時省エネ側
−3 寒い

（グラフ：快適時間率（%）　パッシブ煉瓦造／煉瓦造／木造　札幌・青森・仙台・東京・福岡・鹿児島・沖縄）

図-3.7.8　快適時間率（暖房なし）

3.8　比較コストスタディ

　消費者が住宅を選択する動機についてのパレート図を**図-3.8.1**に示す。価格で選択される傾向が強い。

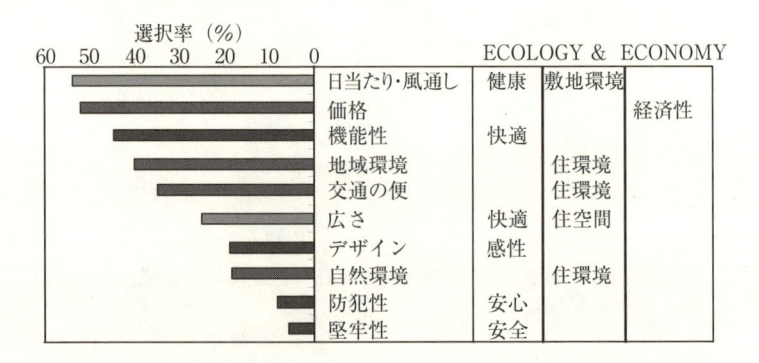

（パレート図：選択率（%）　日当たり・風通し＝健康／敷地環境、価格＝経済性（ECOLOGY & ECONOMY）、機能性＝快適、地域環境＝住環境、交通の便＝住環境、広さ＝快適／住空間、デザイン＝感性、自然環境＝住環境、防犯性＝安心、堅牢性＝安全）

図-3.8.1　消費者が住宅を選択する動機についてのパレート図

3.8 比較コストスタディ

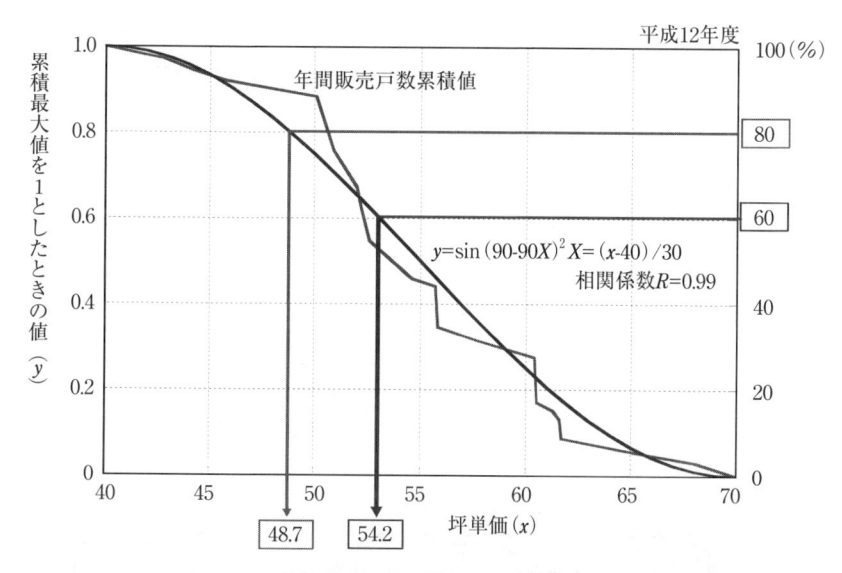

図-3.8.2 のグラフ（縦軸：累積最大値を1としたときの値(y）、横軸：坪単価(x）、平成12年度）

$y = \sin(90 - 90X)^2 \quad X = (x-40)/30$
相関係数 $R = 0.99$

年間販売戸数累積値

48.7　54.2

図-3.8.2　消費者が住宅を購入する価格帯（2000年）

つぎに，ではどの程度の価格帯がボリュームゾーンなのか。2000年のデータであるが，80％購入帯でみると，約50万円/坪となる。

積み煉瓦仕上げには，吹き付けモルタル仕上げのように，定期的に補修をしたり，タイルのように必ず剥落とするという不安がないのは，施主にとっての選択の好材料になるが，しかし，一方で，仕上げ工事としての積み煉瓦工事の工事単価は，石工事よりも安いものの，タイル貼り仕上げよりも若干高く，住宅の仕上げ工事としては工事単価が最も高い部類に属する（**図-3.8.3**）。

外装仕上げの積み煉瓦にSRB-DUPを適用して，凌震構造とし，この躯体を仕上げと兼用すると，合成単価は，下地2×4に吹き付けモルタル仕上げを行った場合とほぼ同額の工事費となる（**図-3.8.4**）。

構造躯体の凌震構造と外壁仕上げを併用することによって，積み煉瓦造住宅のイニシャルコストは，既存構造の住宅コストと競争力を持つことができる。

第❸章 持続可能な消費とその構法

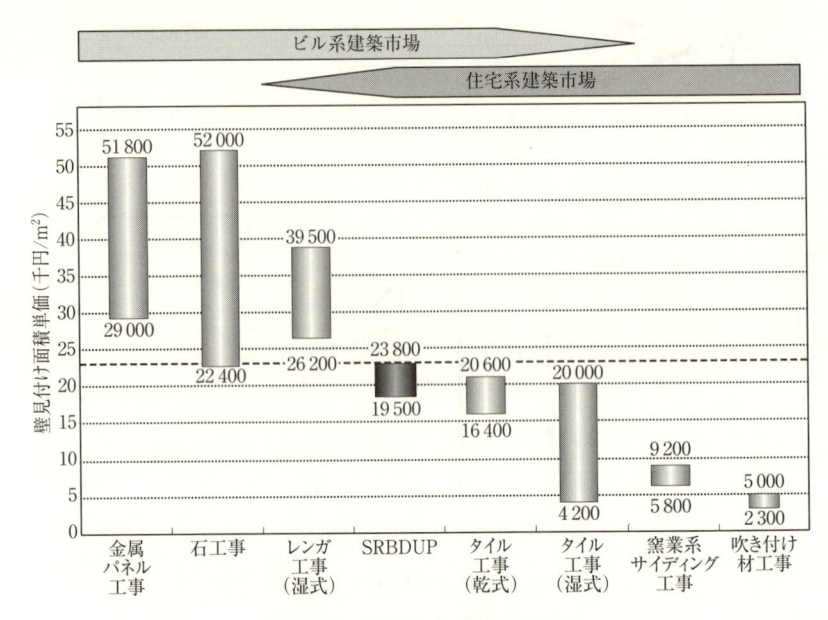

図-3.8.3 外装仕上げ材の価格帯

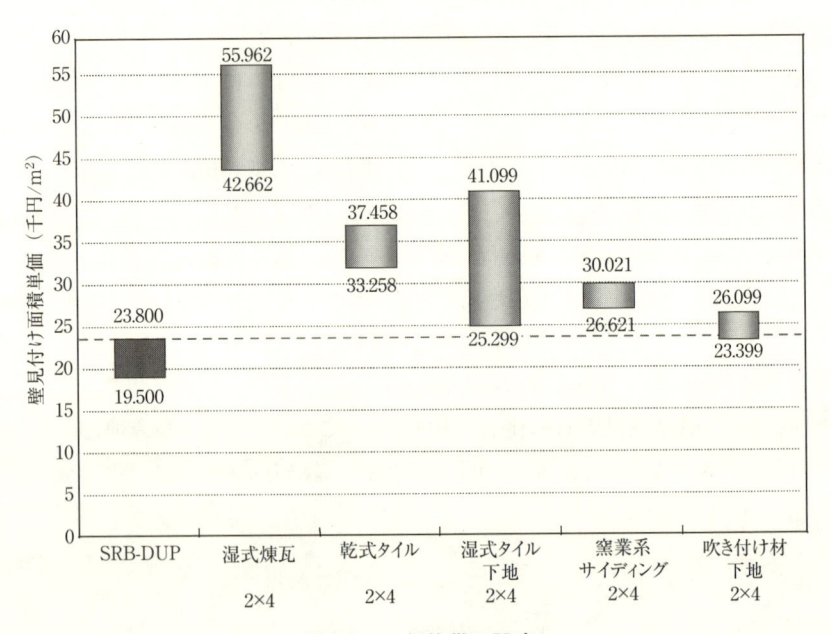

図-3.8.4 価格帯の設定

3.8.1 学会モデルプランと基本仕様

　学会モデルは，延べ床面積は129.96m^{2}であり，総2階建てで，個室などのプライベートなゾーンはすべて2階に集中させ，1階の居間・食堂の隣に和室を配した，きわめてオーソドックスな間取りとなっている。耐用年数は湿式煉瓦造住宅，および木造2×4住宅は30年，SRB-DUP煉瓦造住宅が90年であり，30年ごとに基礎およびSRB-DUP煉瓦以外の部分について大規模な修繕を行う。

Ⅰ．木造2×4

　学会モデル・木造2×4住宅の平面図を示す。コスト計算の基準とする。

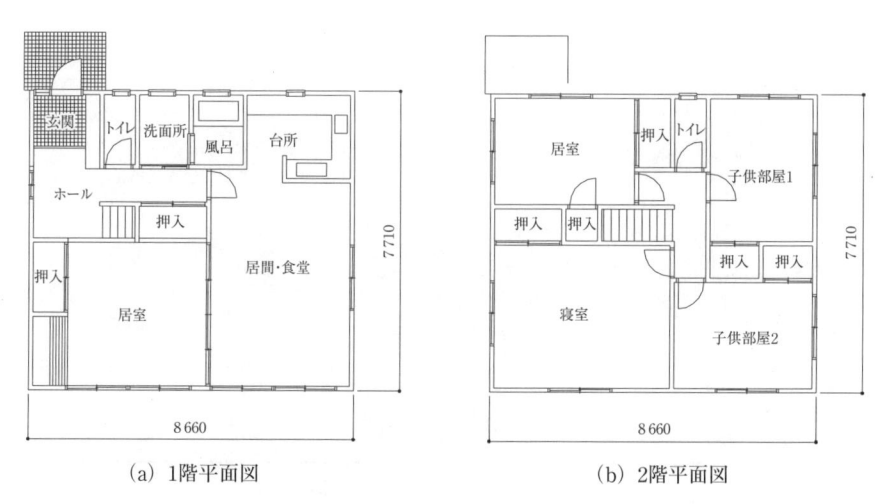

(a) 1階平面図　　　　(b) 2階平面図

図-3.8.5　学会モデルプラン（木造2×4）

Ⅱ．湿式煉瓦造

　学会モデル・木造2×4（Ⅰ）の平面を湿式煉瓦造で設計する。外形寸法が若干大きくなる。内壁に木製フレームを用いて壁面を構成し，この木製フレームを構造体として，荷重を負担する工法を用いる。内壁および天井材にはプラスターボードを使用する。また，建設コストは基準とする木造2×4（Ⅰ）モデルに比べて約8%，高くなる。

Ⅲ．SRB-DUP煉瓦造住宅（ブリックベニヤ）

　学会モデル・木造2×4（Ⅰ）の平面をSRB-DUP煉瓦造・ブリックベニヤで設計する。内部にSRB-DUP煉瓦柱を組積して鉛直荷重のみを負担させ，水平荷重は

外壁である SRB-DUP の煉瓦が負担する工法である。

使用した SRB-DUP 煉瓦の個数は 8 246 個である。外壁材には SRB-DUP 煉瓦，床材にはオーストラリア製の Floated Gum（無垢フローリング材），内壁および天井材には吸放湿性に優れたバーミキュライト建材を使用する。また建設コストは，基準とする木造 2×4（Ⅰ）に比べて約 24 %，高くなる。以下に仕様を示す。

表-3.8.1(a)　内部仕上表

室名	床	幅木	壁	廻り縁	天井	備考
1階						
玄関	磁器タイル：100角	木製	プラスターボード, クロス貼	有	プラスターボード, クロス貼	手摺, 玄関収納カウンタータイプ
ホール	Floated Gum（床無垢フローリング材）	木製	プラスターボード, クロス貼	有	プラスターボード, クロス貼	
階段室	Floated Gum（床無垢フローリング材）	木製	プラスターボード, クロス貼	有	プラスターボード, クロス貼	連続手摺
居間・食堂	Floated Gum（床無垢フローリング材）	木製	プラスターボード, クロス貼	有	プラスターボード, クロス貼	
台所	Floated Gum（床無垢フローリング材）	木製	プラスターボード, クロス貼	有	プラスターボード, クロス貼	
居室	Floated Gum（床無垢フローリング材）	木製	プラスターボード, クロス貼	有	プラスターボード, クロス貼	
物入・押入	5.5捨合板		プラスターボード, クロス貼	無	プラスターボード, クロス貼	
トイレ	Floated Gum（床無垢フローリング材）	木製	プラスターボード, クロス貼	有	プラスターボード, クロス貼	
洗面所	Floated Gum（床無垢フローリング材）	木製	プラスターボード, クロス貼	有	プラスターボード, クロス貼	手摺
浴室	一体成型防水パン					
2階						
ホール2	Floated Gum（床無垢フローリング材）	木製	プラスターボード, クロス貼	有	プラスターボード, クロス貼	
子供室1	Floated Gum（床無垢フローリング材）	木製	プラスターボード, クロス貼	有	プラスターボード, クロス貼	
子供室2	Floated Gum（床無垢フローリング材）	木製	プラスターボード, クロス貼	有	プラスターボード, クロス貼	
寝室	ループカーペットタイル 3.5mm	木製	プラスターボード, クロス貼	有	プラスターボード, クロス貼	
居室	Floated Gum（床無垢フローリング材）	木製	プラスターボード, クロス貼	有	プラスターボード, クロス貼	
押入・物入	5.5捨合板		プラスターボード, クロス貼	無	プラスターボード, クロス貼	
トイレ2	Floated Gum（床無垢フローリング材）	木製	プラスターボード, クロス貼	有	プラスターボード, クロス貼	

表-3.8.1(b)　外部仕上表

	仕上	備考
基礎	鉄筋コンクリートべた基礎	換気台輪, 床下防湿シート敷込
外壁	SRB－DUP 煉瓦	防水コンセント2ヶ所
軒裏	軒天材リシン調	
屋根	一般：着色ストレート	換気棟
雨樋	軒樋：ベーシック樋（釘打式）堅樋：塩ビ角樋	
破風・鼻隠し	鋼製破風・鼻隠し	
ポーチ	磁器タイル 100角	ダウンライト, インターホン
外部建具	アルミサッシ（シングルガラス）	止水プレート
玄関サッシ	スリットガラス入りミドルドア	

表-3.8.1(c)　付帯備品・設備上表

詳細
〈浴室〉
バスユニット：バスユニット
浴槽：一体成型防水パン
壁：塩ビ鋼板製
床：排水溝フタ方式
水洗金具：2バルブシャワー方式
備品：鏡, 収納棚2段付, 浴槽脇手摺, 洗い場手摺
：入口：折戸, 窓枠, タオル掛け
〈台所〉
キッチン：厨房セット
カウンター：ステンレス
シンク：シンク(ピックシンクかご付き)
吊戸棚：小
扉面材：ベージュ色
コンロ：3口コンログリル
水栓金具：シングルレバー混合水栓
バックガード：
〈洗面所〉
洗面化粧台 $W=600Wh$
水栓金具：2バルブ混合水栓
洗濯機用単水栓　トラップ付排水金具
タオル掛〈2段タイプ〉
〈1F便所〉
便器：セミサイホン式
便座：暖房洗浄
備品：タオルリング, ペーパーホルダー
〈給湯機〉セミオート壁掛型
給湯器リモコン2ヶ所付

Ⅳ．SRB-DUP 煉瓦造住宅（フルブリック）

　学会モデル・木造2×4（Ⅰ）の平面をSRB-DUP煉瓦造・フルブリックで設計する。使用したSRB-DUP煉瓦の個数は17 254個で，SRB-DUP煉瓦造・ブリックベニヤの約2.1倍である。建設コストは，基準とする木造2×4（Ⅰ）に比べて約47％，高くなる。

3.8.2 プロジェクトモデルのプランと基本仕様

D-BHSプロジェクトで実施したモデルはSRB-DUP煉瓦造・ブリックベニヤである。プランを学会標準とは少し変えた。プロジェクトモデルは延べ床面積は149.09m^{2}である。

Ⅴ．木造2×4住宅

プロジェクトモデルの木造2×4平面図を示す。建設コストは，学会モデル・木造2×4（Ⅰ）に比べて約18％高くなる。

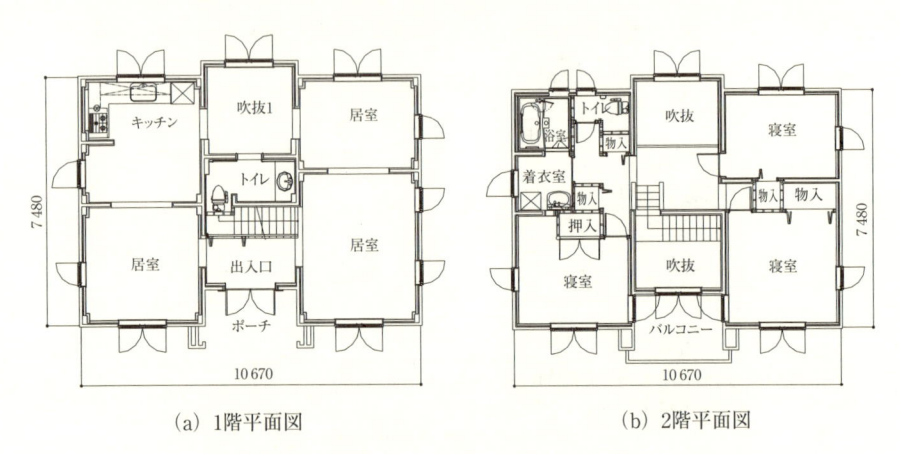

（a）1階平面図　　　（b）2階平面図

図-3.8.6　プロジェクトモデルプラン（木造2×4）

Ⅵ．湿式煉瓦造住宅

プロジェクトモデル（Ⅴ）の平面を湿式煉瓦造で設計する。プロジェクトモデルは湿式煉瓦造住宅学会モデルと同じ工法を用いる。建設コストは，基準とする木造2×4（Ⅰ）に比べて約24％高くなる。

Ⅶ．SRB-DUP煉瓦造住宅（ブリックベニヤ）

住宅プロジェクトモデル（Ⅴ）の平面をSRB-DUP煉瓦造・ブリックベニヤで設計・施工する。SRB-DUP煉瓦造・ブリックベニヤ学会モデルと同様の構法を用いた。立面図，および仕様を以下に示す。内壁下地にも煉瓦を使用した。SRB-DUP煉瓦の個数は18 871個で，SRB-DUP煉瓦造・ブリックベニヤ学会モデルの約2.3倍である。建設コストは，SRB-DUP煉瓦造住宅・ブリックベニヤ学会モデルに比べて約45％高くなる。

3.8 比較コストスタディ

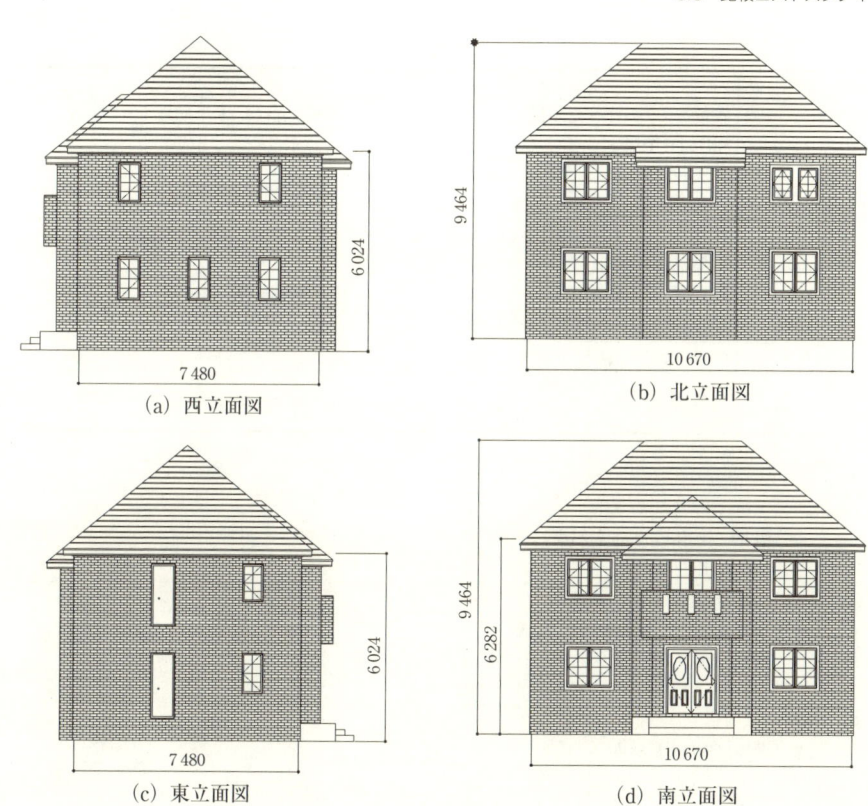

(a) 西立面図

(b) 北立面図

(c) 東立面図

(d) 南立面図

(e) 内部仕上表

室名	床	幅木	壁	廻り縁	天井	備考
1階						
玄関出	磁器タイル：100角	木製	プラスターボード, クロス貼	有	プラスターボード, クロス貼	手摺, 玄関収納 カウンタータイプ
ホール	Floated Gum（床無垢フローリング材）	木製	プラスターボード, クロス貼	有	プラスターボード, クロス貼	
階段室	Floated Gum（床無垢フローリング材）	木製	プラスターボード, クロス貼	有	プラスターボード, クロス貼	連続手摺
キッチン	Floated Gum（床無垢フローリング材）	木製	プラスターボード, クロス貼	有	プラスターボード, クロス貼	
居室	Floated Gum（床無垢フローリング材）	木製	プラスターボード, クロス貼	有	プラスターボード, クロス貼	
物入・押入	Floated Gum（床無垢フローリング材）	木製	プラスターボード, クロス貼	有	プラスターボード, クロス貼	
トイレ	Floated Gum（床無垢フローリング材）	木製	プラスターボード, クロス貼	有	プラスターボード, クロス貼	
2階						
吹抜			プラスターボード, クロス貼	有	プラスターボード, クロス貼	
寝室	Floated Gum（床無垢フローリング材）	木製	プラスターボード, クロス貼	有	プラスターボード, クロス貼	
トイレ	Floated Gum（床無垢フローリング材）	木製	プラスターボード, クロス貼	有	プラスターボード, クロス貼	
更衣室	Floated Gum（床無垢フローリング材）	木製	プラスターボード, クロス貼	有	プラスターボード, クロス貼	手摺
浴室	一体成型防水パン		プラスターボード, クロス貼	無	プラスターボード, クロス貼	
物入・押入	Floated Gum（床無垢フローリング材）	木製	プラスターボード, クロス貼	有	プラスターボード, クロス貼	

図-3.8.7　プロジェクトモデルプラン（ブリックベニヤ）(1)

(f) 外部仕上表

	仕　上	備　考
基礎	鉄筋コンクリートべた基礎	換気台輪，床下防湿シート敷込
外壁	SRB-DUP煉瓦	防水コンセント2ヶ所
軒裏	軒天材リシン調	
屋根	一般：着色ストレート	換気棟
雨樋	軒樋：ベーシック樋（釘打式）　堅樋：塩ビ角樋	
破風・鼻隠し	鋼製破風，鼻隠し	
ポーチ	磁器タイル100角	ダウンライト，インターホン
外部建具	アルミサッシ（シングルガラス）	止水プレート
玄関サッシ	スリットガラス入りミドルドア	

(g) 付帯備品・設備

詳　細
〈浴室〉
バスユニット：バスユニット
浴槽：一体成型防水パン
壁：塩ビ鋼板製
床：排水溝フタ方式
水洗金具：2バルブシャワー方式
備品：鏡，収納棚2段付，浴槽脇手摺，洗い場手摺
：入口：折戸，窓枠，タオル掛け
〈台所〉
キッチン：厨房セット
カウンター：ステンレス
シンク：シンク（ピックシンクかご付き）
吊戸棚：小
扉面材：ベージュ色
コンロ：3口コンログリル
水栓金具：シングルレバー混合水栓
バックガード：
〈洗面所〉
洗面化粧台 $W=600Wh$
水栓金具：2バルブ混合水栓
洗濯機用単水栓　トラップ付排水金具
タオル掛〈2段タイプ〉
〈1F便所〉
便器：セミサイホン式
便座：暖房洗浄
備品：タオルリング，ペーパーホルダー
〈給湯機〉　セミオート壁掛型
給湯器リモコン2ヶ所付

図-3.8.7　プロジェクトモデルプラン（ブリックベニヤ）(2)

Ⅷ. SRB-DUP 煉瓦造住宅（フルブリック）

　プロジェクトモデル（Ⅴ）の平面を SRB-DUP 煉瓦造・フルブリックで設計する。使用した SRB-DUP 煉瓦の個数は 31 282 個で，SRB-DUP 煉瓦造・ブリックベニヤ学会モデルの約 3.8 倍である。建設コストは，SRB-DUP 煉瓦造フルブリック学会モデルに比べて約 47％高くなる。

第4章 スループット方程式

　環境低負荷型のエネルギーシナリオを追求し，エネルギー消費量とエネルギー費用を引き下げつつ，地球規模の十分な豊かさをもたらし，それを増進させることができるかという問題，言い換えれば，我々は，「生活水準を高めながらエネルギー消費の環境負荷を減らせるか？」という命題を解かなければならない。

　もしかしたら，物質的に規定されたエコロジー的回避目標と，利潤と競争に導かれて成長する経済論理との間には，乗り越えられない溝が存在しているかも知れない。

4.1　スループット方程式の構成

　エリヤフ・M・ゴールドラットの制約条件の理論を援用して導いた生活の豊かさ・W(Welfare)と環境負荷・D(Environmental Damage)の差，すなわちスループット・T(Throughput)を最大化する方程式をシステム評価の基礎方程式とする。

$$T = W - D \tag{4.1}$$

　スループット(T)は，あるレベルの豊かさ(W)を獲得するために生じる環境負荷(D)を差し引いた値で，スループットは実質的な価値である。スループット方程式では，豊かさを維持，あるいは増進しながら環境負荷を最小にして，その価値・Tの最大化を目的とする。スループット方程式の構成を図-4.1.1に示す。豊かさWを構成する要素としては，建築の基本的な要請である安全(Safety)，安心(feel Safety)，健康(Health)，快適(Comfort)および美的感性(Sense)等がある。

第4章 スループット方程式

$$T = W\,(Sa, R, H, C, Se) - D\,(LCE, LCCO_2, LCC)$$

T : Throughput, $(W-D)$ ────────→ Maximization

W : Welfare ────────→ Maximization
- Sa : Safety
- R : Relief
- H : Health   Efficiency ──→ Sufficiency
- C : Comfort
- Se : Sense

D : Environmental Damage ────────→ Minimization
- LCE : Life Cycle Energy   Recycle
- $LCCO_2$: Life Cycle CO_2 Reuse
- LCC : Life Cycle Cost   Reduce
                                  Return

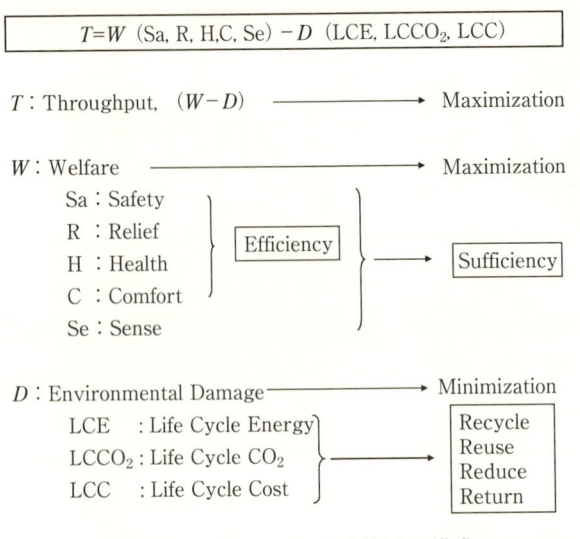

図-4.1.1 スループット方程式の構成

　スループット方程式は，差(Differential)の方程式であり，評価するには，右辺の各項の単位の次元(Dimension)を同一にしなければならない。豊かさと環境負荷はそれぞれ概念が異なっており，表示する単位も異なるのでそれらを揃える工夫が必要である。スコア化は最も簡単であるが，省エネやCO_2削減効果を定量的に評価できる「差の方程式」の特徴を有効に活用するには，例えば，ライフサイクルアセスメント・LCA(Life Cycle Assessment)で行う評価のLCC(Life Cycle Cost)，LCE(Life Cycle Energy)もしくは，$LCCO_2$(Life Cycle CO_2)で使われるコスト，エネルギー，もしくは排出するCO_2単位とするのがよい。

(1) 効率性(Efficiency)と十分性(Sufficiency)

　効率性とは，同じ量のエネルギーから，どれだけの豊かさを引き出すかということ。十分性とは，どれだけの豊かさが誰にとって十分なのかということ。効率化という戦略は持続可能性へ向かう重要な道程である。技術改善は環境の負荷を低減し，根本的な方向転換を行うための猶予時間を与えるのだが，効率性を高める技術改善によって，むしろ生産と消費が野放図に拡大するリスクを懸念する。物質的な豊かさと消費に対する要求が更に高まってくると，きわめて効率的な技術でも環境への負荷を強める危険性が予測されるのである。これを回避するためには，効率化戦略と同時に「満足とは何か」という問いかけ，あるいは，効率化と

十分性との間にはどのような関係があるのか，すなわち，十分性戦略を実施する必要がある．

(2) エネルギーサービス

人はエネルギーそれ自体を目的として消費するわけではない．エネルギーは人が求めるサービス状態を実現するための手段の一つとして，一種の中間状態であるといってよい．最終状態，すなわち，エネルギーの利用の効果は，人が生活する建築空間において実現する．

実際に人が求めるエネルギーサービスは，冬は暖かく夏は涼しい部屋，温かい料理，快適な照明などの快適な空間/状態を保つことである．この空間/状態は，断熱の不十分な建物に高性能のボイラーを導入して実現することもできるが，エコロジー的に無意味なだけでなく，費用も高くなる．逆に，暖房設備に併せて建物の断熱状態を改善すれば，断熱によってエネルギー消費が減少するとともに，さらに小型で安価な暖房設備を導入することができる．

4.2　建築が実現できる"豊かさ"

生活必要手段の物質的な充足の程度，および，それによってもたらされる精神的・肉体的に満足できる生活状態の程度を豊かさという(社会学小辞典，有斐閣)．

豊かさは，生活の質・QOLを高める．単純には，所得の多少と関係しており，自由に使える貨幣量の多少と考えられる．事実，高度成長期，1960年代，豊かさが三種の神器という物質的な充足に象徴される時期があった．本書では，安全，安心，健康，快適，および感性を豊かさの基本構成とする．

豊かさには，豊かさを実現する"場"が必要である．空間という"場"をデザインし提供するのが建築の役割であり，同時に"場"を時間的に維持することも建築の責任である．

建築について，例えば，その耐久性と耐震性を確保することは，まず，今，ここにいるわれわれ自身に対して安全と安心を与えると同時に，それは多くは会わないであろう未来の世代に対する責任でもある．地震や台風などに対する構造安全性は，建築のとりわけ重要な項目の一つである．したがって，これまでに発生した地震の記録に対して安全なように構造設計が行われる．

安全　安全は，地震荷重のような過去のデータに基づいて確率を計算することで定量化することが可能であるという意味において，具体的なのだが，構造設計

の基・規準が遵守されても，この後の将来に起こる地震のすべてに対して構造安全性を担保しているわけではないという特徴がある。長期荷重および短期荷重に対する安全率とその許容度の設定は，その社会の合意に基づくのみである。

安心　そのような安全の限界は，インフラ(社会基盤)の充実などを伴って安心する。安全という前提条件が満足されて始めて安心が成立する。安心はきわめて主観的である。安全を客観的な機能的価値とすれば，安心は「安全を感じる」という心理的価値である。

健康　世界保健機関・WHOは，健康について，「単に病気が存在しないというだけでなく，全体的な，身体的・精神的・社会的に良好な状態」と定義する。WHOは，健康な住宅とは以下の項目がすべて満足されることが必要であるとしている。

① 災害防止の条件
② 生理的・生活的要求
③ 疾病の発生および感染の防止条件
④ 生活経済の満足
⑤ 精神的感覚の満足

人の人生においてそのような状態はどれくらいあるのだろうか？　むしろ，常にWHOが定義する健康な状態を保つ方が難しいのではないか？　体は丈夫，精神的に満ち足りていて，仕事に見合った報酬があり，社会的にも恵まれた地位にあるといった状態の方が珍しいのではないか？

快適　快適については，「快適な空間がよい環境である」という言い方がある。アメニティー(Amenity)という言葉がある。場所・気候・環境などの快適さの意味なのだが，適切な訳語がない。アメニティーについて，人が「よい環境」というときは，単に汚染がないというだけでは不十分で，その人を取り囲んでいる空間が快適と感じられなければらないともいう。植田和弘(京都大学教授)は，「その空間を構成する要素は多く，およそ生活にかかわる要素すべて」という。快適の概念は大きくて，空間にかかわる要素のほとんどすべてといっていいくらいである。健康と快適。個人差がある。快適さには，個人差に加えて地域差，気候差も影響する。

感性　直訳すれば，センス。むしろテイスト(好み)に近いニュアンスがある。人は自らの生命を維持し子孫を残すことに寄与する状態，また，行為に快感を感じ，反対のものに不快感を感じるという。これが感性であれば，感性を支えているのが安全，安心，健康，快適であることの意味がわかる。

4.2 建築が実現できる"豊かさ"

エネルギー資源の枯渇や地球温暖化などの差し迫った環境問題の中で，どのようにすれば，このような輪郭の豊かさが持続可能なのか．まず，豊かさのスコア化について試みる．

4.2.1 品確法とそのレーダーチャート

住宅の品質確保の促進等に関する法律，略して，品確法．2002年8月20日公布，即日施行．住宅性能表示制度として，国土交通省大臣が指定した指定住宅性能評価機関から評価を受ける．結果は「住宅性能評価書」に記載される．評価方法基準により評価された内容の多くは評価を行った時点＝完成段階のもので，経年変化の影響は考慮していない．品確法の評価内容を，安全，安心，健康，快適のカテゴリーに分けると以下のようになる．

安全：①構造の安定に関すること（耐震性・耐風性）
　　　②火災時の安全に関すること
安心：③劣化の軽減に関すること
　　　④維持管理の容易さ
　　　⑤温熱環境に関すること（省エネ含む）

表-4.2.1 品確法による豊かさ（W）の要因と水準上表

豊かさ(W)		水準 項目・基準	5	4	3	2	1
定量的要素	安全	耐震(倒壊) 極めて稀に発生する地震力に対して			1.5倍の力に対して倒壊しない	1.25倍の力に対して倒壊しない	倒壊しない
		耐震(損傷) 極めて稀に発生する地震力に対して			1.5倍の力に対して損傷を生じない	1.25倍の力に対して損傷を生じない	損傷を生じない
		耐風 極めて稀に発生する暴風による力に対して				1.2倍の力に対して倒壊，および損傷を生じない	倒壊，および損傷を生じない
		耐火 耐火時間(外壁等)		120分	60分	30分	水準2に満たないレベル
	安心	劣化対策 大規模改修不要期間			75～90年	50～60年	水準2に満たないレベル
		維持管理対策 専用配管の維持管理			余裕のある対策を講じている	基本的な対策を講じている	水準2に満たないレベル
		省エネ対策 冷暖房エネルギー削減量	水準4よりさらに大きい削減レベル	特に大きい削減レベル	大きい削減レベル	軽微な削減レベル	水準2に満たないレベル
	健康	ホルムアルデヒド対策 ホルムアルデヒドの放散量		JIS・E0 JAS・FC0等級相当	JIS・E1 JAS・FC1等級相当	JIS・E2 JAS・FC2等級相当	水準2に満たないレベル
	快適	透過損失 空気伝播音の遮断			JIS・Rm(1/3)-25	JIS・Rm(1/3)-20	水準2に満たないレベル
定性的要素	感性		-	-	-	-	-

健康：⑥空気環境に関すること（化学物質などの影響の抑制）
　　　　⑦光・視環境に関すること（採光など）
快適：⑧音環境に関すること（遮音性）
　　　　⑨高齢者等への配慮に関すること

これにはグレードがあり，**表-4.2.1**のように示すことができる。

グレードが上がってくれば安心のレベルが上がるということができよう。この場合の安心は"feel Safety"という概念である。

豊かさの効率性を与える定量的要素として住宅の品質確保の促進等に関する法律における住宅性能表示基準を適用する。表-4.2.1に豊かさの評価因子と水準を示す。住宅性能表示基準を基準として，安全（Sa）に関して，耐震（倒壊），耐震（損傷），耐風，耐火の4項目，安心（R）に関して，劣化対策，維持管理対策，省エネルギー対策の3項目，健康（H）に関して，ホルムアルデヒド対策，快適（C）に関して透過損失の全9項目を定め，それぞれに対する水準の基準を規定する。ただし，省エネルギー対策に関しては住宅の品質確保の促進等に関する法律の住宅性能表示基準等級4よりもさらに大きい削減レベルとして水準5を設けた。

プロジェクトモデル（**図-3.8.6**）のSRB-DUPに対して豊かさの定量的要素の水準を算定した。豊かさにおける比較対象として大手住宅メーカーの標準仕様住宅モデルを適用した。

図-4.2.1に大手住宅メーカー各社による住宅に標準で装備される性能・機能水準，およびプロジェクトモデル水準のレーダーチャートを示す。ここで，耐震（倒壊）と耐震（損傷）を合わせて1項目として示している。

大手住宅メーカー各社による住宅においては項目によって水準にばらつきが見られる。これは住宅メーカー各社における営業戦略の違いが表れているといえよう。耐火，省エネルギー，および透過損失の水準値の平均は最高水準よりかなり下回っており，この項目は各住宅メーカーにとって高水準を獲得し難い項目のようである。もちろん住宅メーカーもオプション対応により各水準を最高水準に設定することが可能であるが，標準仕様では**図-4.2.1**に示す結果となる。プロジェクトモデルは，耐火，省エネルギー，および透過損失などにおいて他の住宅の水準を大きく上回っており，すべての項目において高い水準を確保している。

4.2 建築が実現できる"豊かさ"

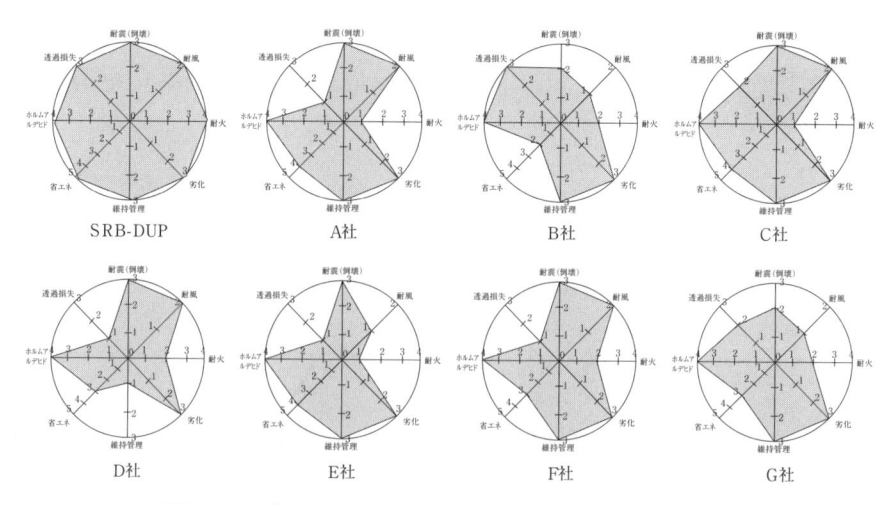

| SRB-DUP | A社 | B社 | C社 |
| D社 | E社 | F社 | G社 |

図-4.2.1 豊かさの定量的要素におけるレーダーチャート

4.2.2 印象評定とそのレーダーチャート

印象評定 SD法（14対評価尺度・7段階評定）で印象をスコア化する。その際使われる言葉の群とそのカテゴリーを以下に示す。

表-4.2.2 印象評定の評価尺度と評価性

評価軸	評価尺度	評価性	個性性	堅牢性
評価性	快い－不快な	0.862	0.017	0.073
	安らぐ－安らがない	0.862	0.190	0.075
	好きな－嫌いな	0.852	−0.055	0.099
	親しみやすい－親しみにくい	0.830	0.112	−0.011
	住みやすそうな－住みにくそうな	0.806	0.177	0.109
	ゆったりした－張り詰めた	0.657	0.194	−0.024
	やわらかい－かたい	0.613	0.107	−0.316
	機能的な－機能的でない	0.575	0.005	0.169
個性性（先進性）	個性的な－平凡な	0.229	0.807	−0.132
	先進的な－古風な	0.294	0.728	0.043
	派手な－地味な	0.072	0.606	0.034
	変化に富んだ－単調な	−0.104	0.540	−0.065
堅牢性	がっしりした－きゃしゃな	0.088	−0.105	0.742
	重みのある－軽やかな	0.053	0.027	0.724
	SS loadings	4.856	1.986	1.260
	Proportion Var.	0.347	0.142	0.090
	Cumulative Var.	0.347	0.489	0.579

第4章 スルーブット方程式

評価性：快い－不快な，安らぐ－安らがない，好きな－嫌いな，親しみやすい－親しみにくい，住みやすそうな－住みにくそうな，ゆったりした－張りつめた，やわらかい－かたい，機能的な－機能的でない，がっしり－きゃしゃな

個性性：個性的な－平凡な，先進的な－古風な，派手な－地味な，変化に富んだ－単調な

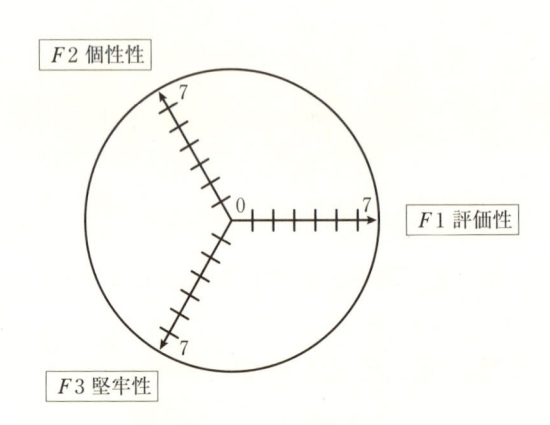

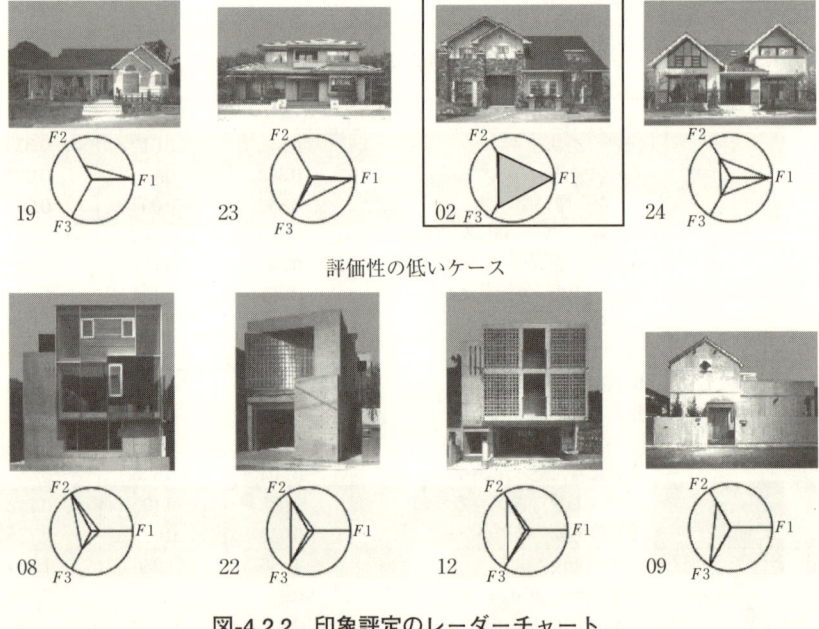

図-4.2.2　印象評定のレーダーチャート

堅牢性：がっしりした−華奢な，重みのある−軽やかな

住宅の外装仕上げについて，三浦佳世（九州大学大学院教授）が行った印象評定調査（SD法・16対尺度・7段階）を示す。評価性をレーダーチャートにして示す。

4.2.3 豊かさの複素表示

品確法と感性評価の項目を安全，安心，健康，快適でグルーピングすると，**表-4.2.3**に示すように，大半はダブルのだが，品確法には含まれない感性評価の項目が現れる。

この領域が感性のみが評価できる領域であろう。小谷部育子は，安全や安らぎや豊かさは，家や土地やものを所有することからではなく，家族をはじめ，隣人や自然環境や地域社会との対話が成り立つかかわりの中で実感できるものであるという（コレクティブハウジング［共生型集住］の行方）。であれば，感性（Sense）の項は，建築の質（Q）の虚数項として扱えるかも知れない。

品確法と感性評価のレーダーチャートを複素数の実数部と虚数部に対応させれば，**図-4.2.3**のようになる。これを豊かさの複素表示とよぶ。

表-4.2.3　スコア化の複素性上表

		安全	安心	健康	快適	感性
品確法評価	住宅の品質確保の促進等に関する法律	耐震（倒壊しない） 耐震（損傷しない） 耐風（倒壊・損傷しない）	大規模改修不要期間 維持管理対策 省エネ対策（冷暖房） 耐火（外壁等）	ホルムアルデヒド対策	透過損失（音の遮断）	
感性評価	印象評定（SD法）	がっしりした 重みのある	安らぐ 住みやすそうな ゆったりした		快い機能的な 好きな すっきりした 親しみやすい やわらかい	個性的・平凡 派手な・地味な 高級な古風な・先進的 変化に富んだ

Sufficiency ←―――――――→
Efficiency ←――――→

第❹章 スループット方程式

Welfare Indexの複素表示　$W = Q_{real} + Q_{imaginary}$

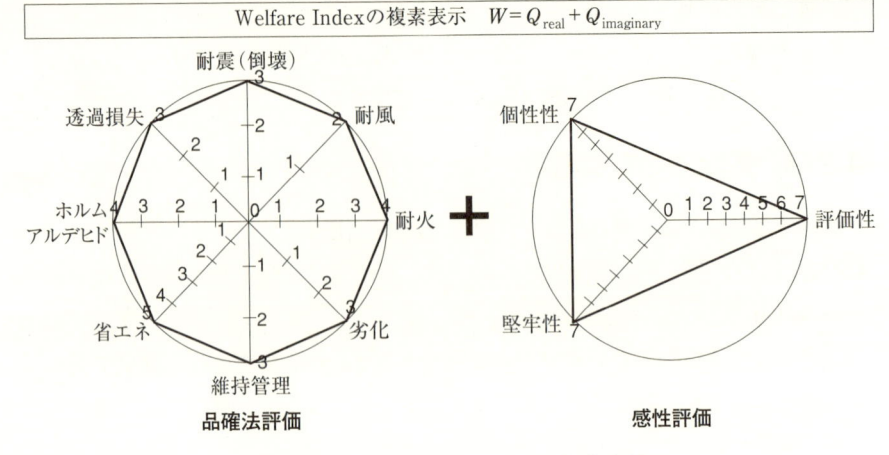

品確法評価　　　　　　　感性評価

図-4.2.3　レーダーチャートの複素表示

4.2.4　ライフサイクルスループット・LCT

ライフサイクルスループット・LCTを式(4.2)で与える。

$$\text{Life Cycle Throughput LCT} = \text{LCW} - \text{LCD} \tag{4.2}$$

$$\text{LCW} = [\text{Welfare Index}] \cdot \{[\text{Initial Cost}] \cdot (1-(T/To)^n)\} \tag{4.3}$$

ここに，T：現時点の経過年数(Life Cycle)。

To：構造外力および劣化外力に対する物理的耐用年数(Mechanical Life Time)。

n：品質(Q)の時間劣化に関する定数(**図-4.2.4**参照)。

[Welfare Index]は，豊かさ指標(Welfare Index)である。もちろん，Welfare Indexの絶対値は地域，気候，ヒトによって異なるのであるが，それぞれを満足する十分性をフルスケールとしてサイズを揃える。これを建築の現時点評価額に乗じて，LCWを算定する。

次に，建築のランニングコストおよび解体コストに環境負荷指数[Environmental Damage Index]を乗じて，環境負荷コスト・LCDを求める。LCDは式(4.3)で与えられる。

4.2 建築が実現できる"豊かさ"

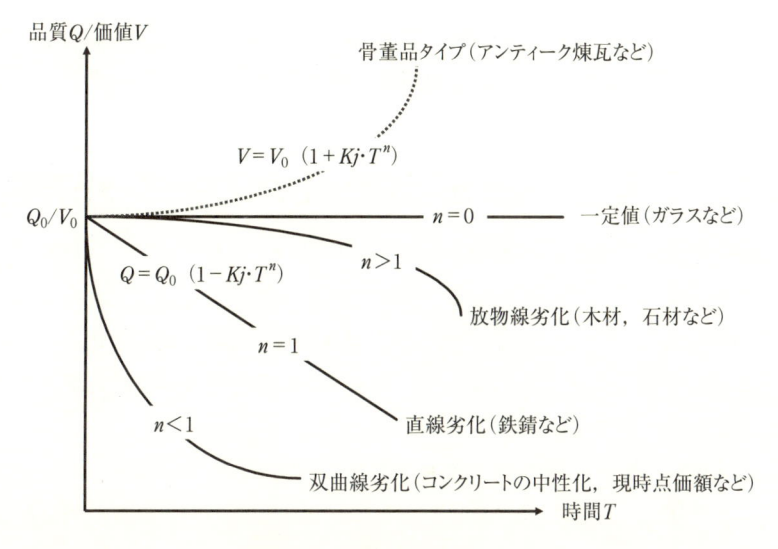

図-4.2.4 品質の劣化パターン

$$LCD = [\text{Environmental Damage Index}] \cdot \{[\text{Running Cost}] + [\text{Demolition Cost}]\} \quad (4.3)$$

ここに，[Running Cost]：運用時のコスト。
　　　　[Demolition Cost]：解体時のコスト。

環境負荷指数[Environmental Damage Index]は，本書の後続の章で検討されるが，省エネ技術などによる節約効果，あるいは，運用開始から解体までの間に

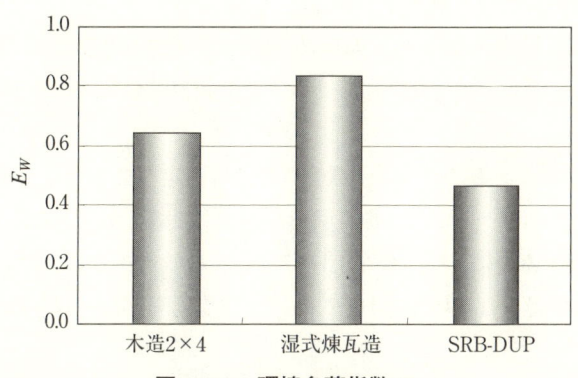

図-4.2.5 環境負荷指数 E_W

おける，リサイクル，リデュース，リユース，廃棄技術などによる節約効果などで，例えば，図-4.2.5 の E_W のような形で与えられる。

4.3　環境効率・BEEを変数としたスループット方程式

スループット方程式 $(T = W - D)$ の豊かさ W には，品確法などの定量的に評価される部分 Q_{real} と，印象評定などの感性で評価される部分 $Q_{imaginary}$ で構成される，いわゆる，複素数的な性質があるが，効率性として定量的に評価される部分 Q_{real} は BEE の Q 値と同じ内容である。スループット方程式の環境負荷 D については，BEE の L 値と同等である。

したがって，豊かさ W を Q_{real} で表す限りにおいて，そのときのスループットを T_{real} とすれば，T_{real} は BEE を変数として表示することができる。すなわち，

$$T_{real} = Q_{real} - L = L(Q_{real}/L - 1.0) = L \cdot (BEE - 1.0) \tag{4.4}$$

ただし，スループット方程式から感性要素を除いたことによって，T_{real} は，スループットの原型である制約条件理論・TOC の経済則としての特性を強め，経済的活動のレベルを表す指標となっている。BEE を変数としたスループット T_{real} の基本構成を図-4.3.1 に示す。

スループット T_{real} と環境効率・BEE との関係で最大の特徴は，環境効率・BEE はスループット T_{real} の変数として機能することである。T_{real} の直線は，必ず点 (BEE = 1.0, T_{real} = 0) を通る。すなわち，環境効率 BEE = 1.0 は，経済活動レベルが 0 になるような評価基準である。

したがって，環境効率 BEE ≦ 1.0 の領域では，T_{real} ≦ 0 となり，経済活動レベルは縮小する。逆に，T_{real} を増加させることは経済活動レベルを上げることを意味する。

その方法は 2 つある。一つは，環境負荷 L は一定のままで Q_{real} を増加させる。二つには，Q_{real} 値を一定とし，環境負荷を減少させる。経済活動のレベルの増加 ΔT_{real} を獲得するのに，Q_{real} 値を上げて得られる増分 ΔBEE_1 よりも，環境負荷 L を小さくして得られる増分 ΔBEE_2 の方が環境効率 BEE の利得が大きい。

4.3 環境効率・BEE を変数としたスループット方程式

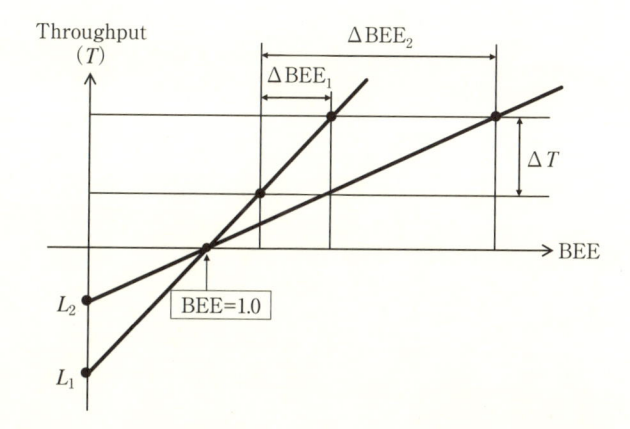

図-4.3.1　BEE を変数としたスループット方程式の基本構成

第5章 環境負荷分析

5.1 スループット方程式のマトリックス表示

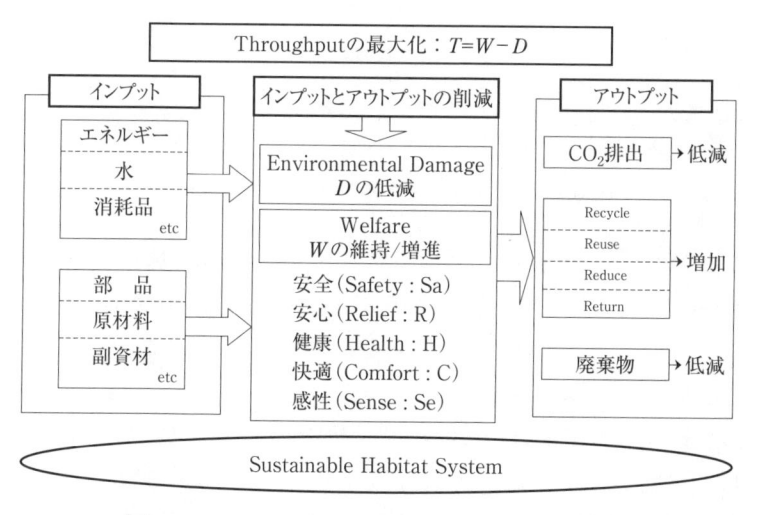

図-5.1.1 スループット方程式のマトリックス表示

5.2 ライフサイクルのマトリックスと数量分析

　建築の環境負荷をライフサイクルで評価する。建築の企画・設計，調達，施工，運用，解体の各段階において，それぞれのインプットとアウトプットを考える。

　図-5.2.1にライフサイクルのマトリックスチャートを示す。Reduceはインプットの段階で作用し，投入材料，エネルギー，CO_2，およびコスト等を減少させる効果を与える。

　運用段階では，リサイクル，リユース，リターン技術を用いて処理し，処理工程から排出されたものを廃棄して環境負荷(D)を与える。

第❺章 環境負荷分析

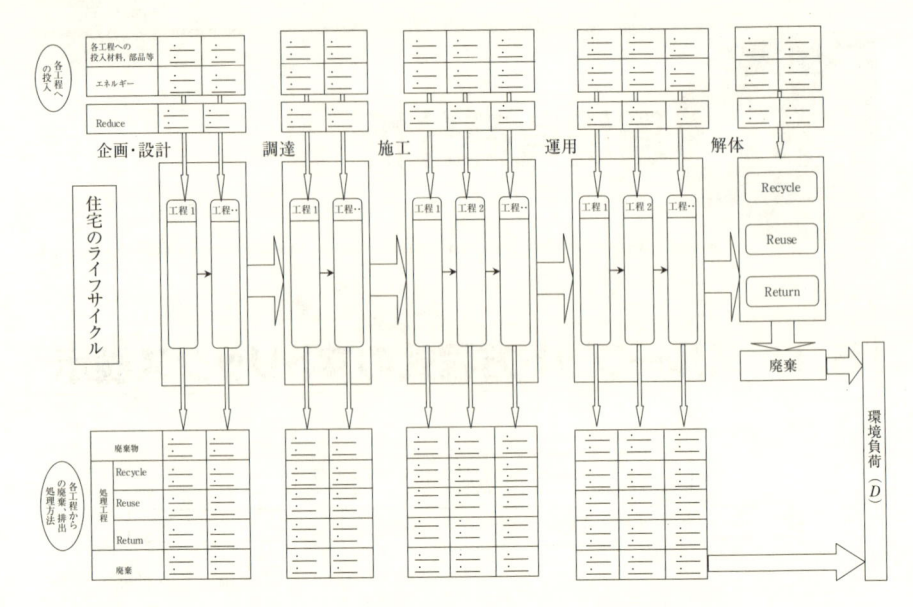

図-5.2.1　ライフサイクルマトリックスチャート

　解体段階では，リサイクル，リユース，リターン技術を施して資源を循環させ，処理工程からの排出物，および処理不能廃材を廃棄し環境負荷(D)を与える。
　環境負荷評価システムは，ライフサイクルを通して3Rにより環境負荷(D)の最小化を図るシステムである。
　第1段階として，マトリックスの作成手順について述べる。最初に，中心軸に作業工程を列記する。作業へのインプット項目として投入材料，投入設備，労力，エネルギー，およびリデュース要素を上段に，作業からのアウトプット項目としてリサイクル材料，リユース材料，リターン材料，および廃棄物を下段に列記し，ライフサイクルフロー分析を完了する。
　実際のライフサイクルフロー分析は，作業におけるインプットとアウトプットの要素が明快な施工，保全・修繕，解体において実行する。

(1)　数量分析

　第2段階として，数量分析を行う。ここでは前節で作成した各工程別のインプットとアウトプットの要素における数量を算定する。
　一例として，プロジェクトモデルSRB-DUP煉瓦造住宅のライフサイクルにおけるインプット数量分析表を**表-5.2.1**に，アウトプット数量分析表を**表-5.2.2**に示す。

5.2 ライフサイクルのマトリックスと数量分析

表-5.2.1 インプット数量分析表

大分類	工程	投入材料	数量	単位	容積(m³)	コスト(円)	投入設備	数量	単位	運搬	疲労	数量(人)	コスト(円)	エネルギー	数量	単位	コスト(円)	Reduce
施工	DUP煉瓦用 1階組積	煉瓦	4,823	個	9.921	511,242	高精度煉瓦研削機			トラック	普通作業員	10.048	141,676	石油	3,750	l	233	乾式工法のためのモルタル廃材ゼロ
		プレート	4,823	個	0.080	197,744	クレーン				特殊運転手	0.206	3,589	電気	81,790.7	Wh	973	
		ボルト	4,823	個	0.074	126,364	電動レンチ	0.502	日									
		高ナット	4,823	個	0.040	101,284												
		丸ワッシャー	4,823	個	0.003	12,058												
		スプリングワッシャー	4,823	個	0.003	12,058												
	2階床組	木材	1.953	m³	1.953	139,659	クレーン	0.125	日	トラック	大工	5.210	103,675	石油	2.5	l	155	
		釘	2,084	kg	0.000	229	釘打ち機	0.014	日		普通作業員	0.781	11,019	電気	119.6	Wh	1	
		高ナット	26	個	0.000	546	電動レンチ	0.001	日		特殊運転手	0.138	2,448					
		丸ワッシャー	26	個	0.000	65												
		スプリングワッシャー	26	個	0.000	65												
	木材使用箇所補修(躯体)	木材	13.085	m³	13.085	1,638,472	クレーン	0.375	日	トラック	大工	72.109	1,434,974	石油	7.500	l	465	
保全・修繕	屋根取り替え	合板	385.318	m²	4.624	360,611	釘打ち機	0.148	日		普通作業員	14.100	198,811	電気	1,181.9	Wh	14	
		釘	42.765	kg	0.005	4,704					特殊運転手	0.413	7,178					
		アスファルトルーフィング	294.000	m²	0.294	52,332	釘打ち機	0.742	日	トラック	大工	57.780	1,028,489					
	外部足場設置	木材	11.044	m³	11.044	2,464,979	クレーン	0.250	日		大工	57.828	1,150,773	電気	5,935.8	Wh	71	
		合板	294	m²	3.528	400,230					普通作業員	6.205	87,484					
		鉄板	525.360	m²	3.310	4,453,035					屋根ふき工	2.352	31,282					
		釘	106.845	kg	0.014	11,753					特殊運転手	0.275	4,785					
解体	2階DUP煉瓦解体	枠組み足場	1	式	179,625.6		電動レンチ	0.391	日		庫工	4.700	261,660					
											特殊作業員	3.36559	63,467,447	電気	1,094.8	Wh	13.03	

表-5.2.2　アウトプット数量分析表上表

大分類	工程	廃棄物	単位	数量	Recycle	Reuse	Return	廃棄	焼却量	廃棄処理費(円)
施工	DUP煉瓦1階組積	梱包材								
	2階床組	木材	m³	0.098	0.045					
		梱包材								
保全・修繕	木材使用箇所補修（躯体）	木材	m³	13.385	5.272			8.113	8.113	81 128
		合板	m³	4.855				4.855	4.855	
		釘	m³	0.005	0.005					
	屋根取り替え	アスファルトルーフィング	m³	0.294					0.294	0.294
		木材	m³	11.296	4.449			6.847	6.847	68 470
		合板	m³	3.704					3.7044	3.704
		鉄板	m³	3.310	3.310					
		釘	m³	0.014	0.014					
解体	外部足場設置									
	2階DUP煉瓦解体	煉瓦	m³	7.041		7.041				
		プレート	m³	0.05669	0.056686					
		ボルト	m³	0.05233	0.052326					
		高ナット	m³	0.02834	0.028343					
		丸ワッシャー	m³	0.00218	0.00218					
		スプリングワッシャー	m³	0.00218	0.00218					

インプット側では投入材料の数量を算定し，統一指標として材料容積と材料コストを求める。次に投入設備の種類と使用日数，各工程における作業員の人工数および労務費，各工程における投入エネルギーの使用量とエネルギーコストを算定する。

アウトプット側では廃棄物の種類と量，リサイクル量，リユース量，リターン量，廃棄量，焼却処分する材はその数量，および廃棄処理費を算定する。

5.3　環境負荷マトリックス

第3段階として環境影響分析を行う。表-5.3.1に環境負荷マトリックスデータシートを示す。企画・設計，調達，施工，運用，保全・修繕，解体を大分類，建築部位を中分類とし，作業工程を行動とする。

数量分析におけるインプット側の要素は行動から出る環境負荷/配慮項目に対応する。本分析における環境影響要素は典型7公害(大気汚染，水質汚染，土壌汚染，騒音，振動，悪臭，地盤沈下)と地球環境(廃棄物の排出，エネルギーの消費，天然資源の使用，化学物質の使用，地球温暖化，オゾン層破壊)の項目とする。環境負荷の低減性の要素として4R(Recycle, Reuse, Return, Reduce)を考慮する。

リスク評価により行動から出る環境負荷/配慮項目の重み付けを行うことができるようにする。

5.3 環境負荷マトリックス

表-5.3.1 住宅の環境負荷マトリックスデータシート

大分類	中分類	行動	行動から出る環境負荷/配慮項目（環境側面）	環境影響要素											環境負荷の低減性				リスク評価					数量	単位	廃棄物量 (m³)	最終処分量 (m³)	備考
				典型7公害							地球環境				Reduce	Return	Reuse	Recycle	a 影響の規模	b 影響の深刻度	c 影響の持続期間	d 発生の確率	e 発見の可能性	リスク評価小計					
				大気汚染	水質汚濁	土壌汚染	騒音	振動	悪臭	地盤沈下	廃棄物の排出	エネルギーの消費	天然資源の使用	化学物質の使用	地球温暖化	オゾン層の破壊														
施工	基礎部	土工事	造り方用角材																										
			普通作業員																										
		DUP棟瓦	クレーン																										
		1階組積	普通作業員																										
	躯体部	屋根トラス架	木材																										
			釘																										
			クレーン																										
			大工																										
			釘打ち機																										
	内装・造作	アルミサッシ	ガラス																										
			アルミ																										
			サッシエ																										
			トラック																										
			軽量鉄骨																										
			接合金物																										
			梱包廃材																										
		壁下地取付	特殊作業員																										
			電動レンチ																										
運用		冷房	電気の使用																										
		暖房	電気の使用																										
		照明	電気の使用																										
		機器	電気の使用																										
		給湯	ガスの使用																										
		調理																											
保全・修繕		塗装	エマルションペイント																										
			オイルペイント																										
			溶剤																										
			塗装工																										
		天井・壁ボード取り替え	バーミキュライト建材																										
			内装工																										
			釘																										
			電動ノコギリ																										
解体		屋根解体	鉄板																										
			釘																										
			木材																										
			特殊作業員																										

表-5.3.2 に環境影響要素の評価単位を示す。建築行為が大気汚染を引き起こす原因には，重機等からの排出ガスが考えられるので，重機の燃料使用量を大気汚染の評価単位とする。

騒音と振動の原因は，騒音と振動を与える重機の使用が考えられるので，重機の使用時間を騒音と振動の評価単位とする。

天然資源の使用，およびエネルギーの消費は，材料の使用，労力，電力の使用，燃料の使用が考えられるが，それぞれの単位はさまざまである。上記4要素を同時に評価できる単位はコストであるとみなす。

表-5.3.2　環境影響要素の評価単位

環境影響要素	評価単位
大気汚染	重機の燃料使用量(L)
騒音	重機の使用時間(日)
振動	重機の使用時間(日)
天然資材の使用	材料費,燃料費,電力費(円)
エネルギー消費	燃料費,電力費,労務費(円)
化学物質の使用	化学物質が含まれる材料の使用量(kg)
地球温暖化(燃料)	燃料費,電力費(円)
地球温暖化(焼却)	焼却材料の容積(m^3)
廃棄物の排出	廃棄物の処分費(円)

資源の少ない材料，および製造にエネルギーを要する材料は，市場の原理によりコストアップになり，環境負荷の少ない材料はコストダウンになると考えることができる。

また，工程に労力がかかる場合，人の活動，移動の影響によりエネルギーを消費するので，エネルギー消費の評価項目とする。したがって，天然資源の使用，およびエネルギー消費の評価単位は，電力費，燃料費，労務費，材料費とする。

施工段階における天然資源の使用，およびエネルギーの消費の環境影響は，建築の積算数量に対応する。化学物質の使用の評価単位は，化学物質が含まれている材料の使用量とする。本分析では重量単位とする。

地球温暖化の原因は主にCO_2の排出が挙げられるので，燃料と電気の使用に関してはコストを評価単位とし，廃棄物の焼却による地球温暖化は焼却材料の容

積を評価単位とする。廃棄物の排出の評価単位は廃棄物の処分費とする。

　上記の評価単位により行動から出る環境負荷/配慮項目における数量を，数量分析表のインプットの項目から転記する。なお，本報では環境影響要素に対して評価単位を決定したが，環境影響分析の実施者は，さまざまな立場，状況にある実務者が行うものであり，その立場，状況に応じて評価単位を決定すればよい。とくにコストで評価するのか，または使用量で評価するのかは評価担当者の裁量によるものとする。

　最後にアウトプット数量分析表から廃棄物量と最終廃棄物処分量を数量分析表のアウトプットの項目から転記する。以上により環境影響分析表が完成する。

5.4　環境負荷要因

　ライフサイクルフロー分析をもとにそれぞれの行程においてインプットとして投入材料，アウトプットとして廃棄物を検討し，環境影響分析を行う。まず，おのおのの環境影響要因の分析を行う。以下のような作業を行う。その分析結果を**表-5.4.1**に示す。

表-5.4.1　住宅・建築のライフサイクルにおける環境要因

行動から出る 環境負荷/配慮項目 （環境側面）	環境影響要素									
	典型7公害					地球環境				
	大気汚染	水質汚濁	土壌汚染騒	振動	悪臭	地盤沈下	廃棄物の排出	エネルギーの消費	天然資源の使用	化学物質の使用	地球温暖化	オゾン層の破壊
建設重機の使用	●			●	▲			●	●		●	
電動工具の使用				●	▲			●				
施工時の余材							●					
解体時の廃材							●					
建設材料の製造，使用								●	●			
労務							●					
塗料，接着剤の使用										●		
建設廃材の焼却											●	

●…ほぼ全て該当　　▲…一部該当

第5章 環境負荷分析

建設重機,電動工具の使用は「騒音」,振動を発生させると思われるランマー等に関しては「振動」,CO_2排出による「地球温暖化」,「天然資源(石油等)の使用」などの環境影響に該当する。

また,建設材料のほとんどは原料として天然資源を使用することから「天然資源の使用」に該当する。製造,加工によりエネルギーを消費することから「エネルギーの消費」に該当する。廃木材等は,Recycle施設,技術等が未だ不十分であり多くは焼却処分されているのが現状である。焼却の際CO_2を排出することから「地球温暖化」に該当する。

図-5.4.1にプロジェクトモデルの施工段階における環境影響要素別環境負荷算定値を示す。

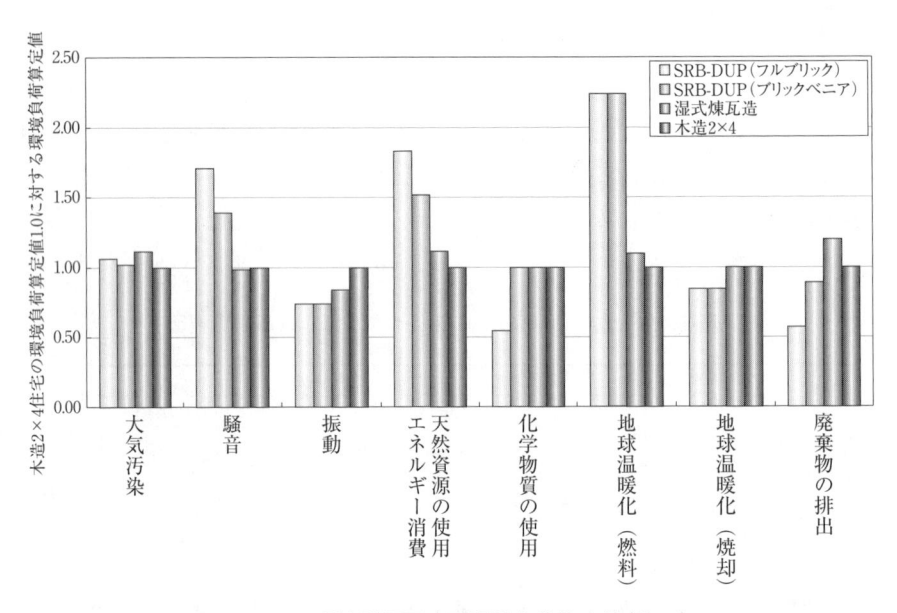

図-5.4.1　環境影響要素別環境負荷算定値(施工)

SRB-DUP煉瓦造(ブリックベニヤ,フルブリック共)は,振動,地球温暖化(燃焼),廃棄物の排出において木造2×4モデルより低い値となる。

SRB-DUP煉瓦造モデルは木造2×4,湿式煉瓦造モデルと比べて木材の使用が少ないこと等が影響している。

それに対し,騒音,天然資源の使用,エネルギー消費,地球温暖化(燃料)は高

い値を示している。

　要因として。SRB-DUP煉瓦の場合，高精度煉瓦研削機が必要となること，煉瓦の研削により煉瓦の単価が割高となっていることが影響している。

　続いてライフサイクルで評価を行う。ただし，SRB-DUP煉瓦造と木造2×4，湿式煉瓦造では耐用年数が異なるため，ライフサイクルでの算定値を耐用年数で割った値を算出することにより評価する。

　図-5.4.2にプロジェクトモデルのライフサイクルにおける環境影響要素別環境負荷算定値を示す。SRB-DUP煉瓦造はほぼすべての要素において木造2×4，湿式煉瓦造を下回る結果となっており，SRB-DUP煉瓦造は環境負荷の低減に有効な住宅であるといえる。

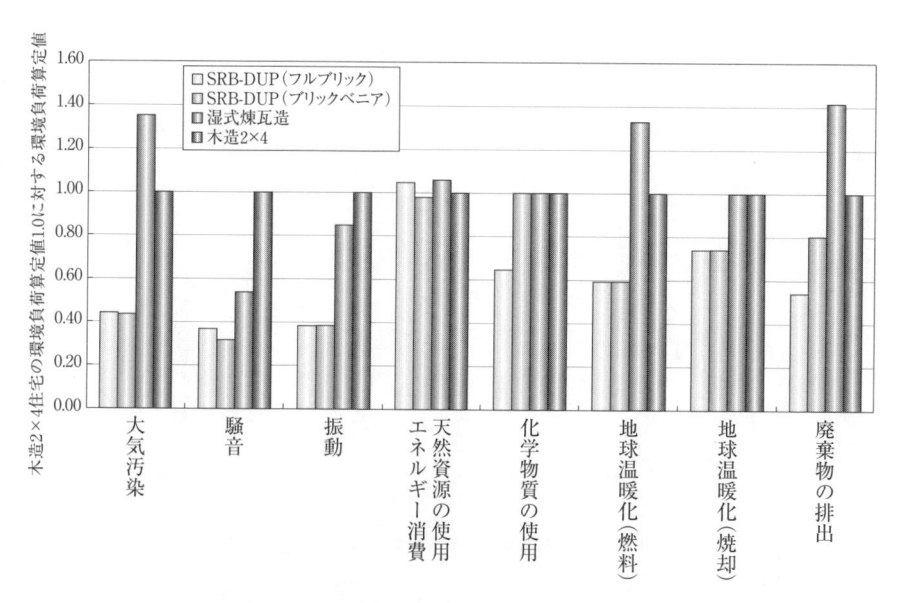

図-5.4.2　環境影響要素別環境負荷算定値(LC/年)

5.5　環境負荷分析

　環境影響要素の項目に適合する行動から出る環境負荷/配慮項目をすべて抽出して，その数量の和事象を算定し，循環型住宅の環境影響評価を行う。

第5章 環境負荷分析

　本節で使用する環境影響評価手法は，建築のライフサイクルの中で発生する多様な環境負荷をトータルな指標で評価することが可能である。

　各環境影響要素における行動から出る環境負荷/配慮項目の数量をパレート図にして数量の高い方から順に並べれば，その環境影響要素に対する環境負荷の強度が明らかになる。また，本環境影響分析により工法・施工方法の変更，および新技術の導入による環境影響の改善効果を定量的に把握することが可能になる。

(1) 環境負荷指数(廃棄物)

　リサイクル，リユース，リターンは廃棄物による環境負荷を低減させる重要な要素となる。**図-5.5.1**にプロジェクトモデルの環境負荷指数(廃棄物)を示す。SRB-DUP煉瓦造はリサイクル，リユース，リターンによって低減可能な要素を多く含み，木造2×4，および湿式煉瓦造に対して低い値となる。SRB-DUP煉瓦造は廃棄物による環境負荷を低減させる住宅である。

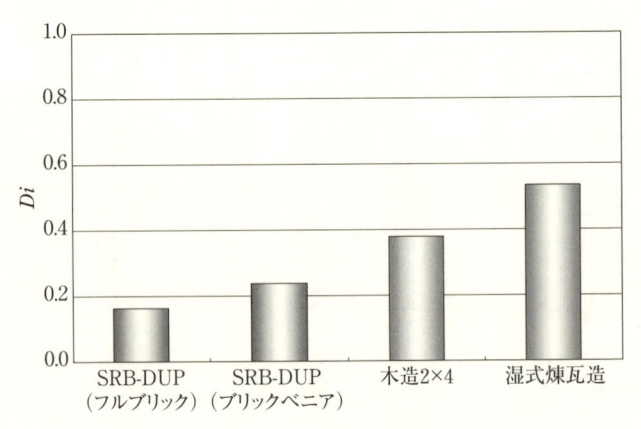

図-5.5.1　環境負荷評価指数(廃棄物)Di比較

(2) 廃棄物総収支

　建築の廃棄物の環境負荷をライフサイクルで評価するため，式(5.1)によって廃棄物総収支の算定を行う。**図-5.5.2**にプロジェクトモデルの廃棄物項目別収支比較を示す。SRB-DUP煉瓦造(フルブリック，ブリックベニヤ)が他の二つのモデルに対してすべての項目において高い値を示す。

$$W_{io} = W_{rk} - (W_{tk} + W_{mk} + W_{ek} + W_{dk}) \tag{5.1}$$

ここに，W_{io}：廃棄物総収支(円)
　　　　W_t：廃棄物運搬費(円)
　　　　W_m：廃棄物中間処理費(円)
　　　　W_e：廃棄物再生処理費(円)
　　　　W_d：廃棄物最終処分費(円)
　　　　W_r：廃棄物再生財価格(円)

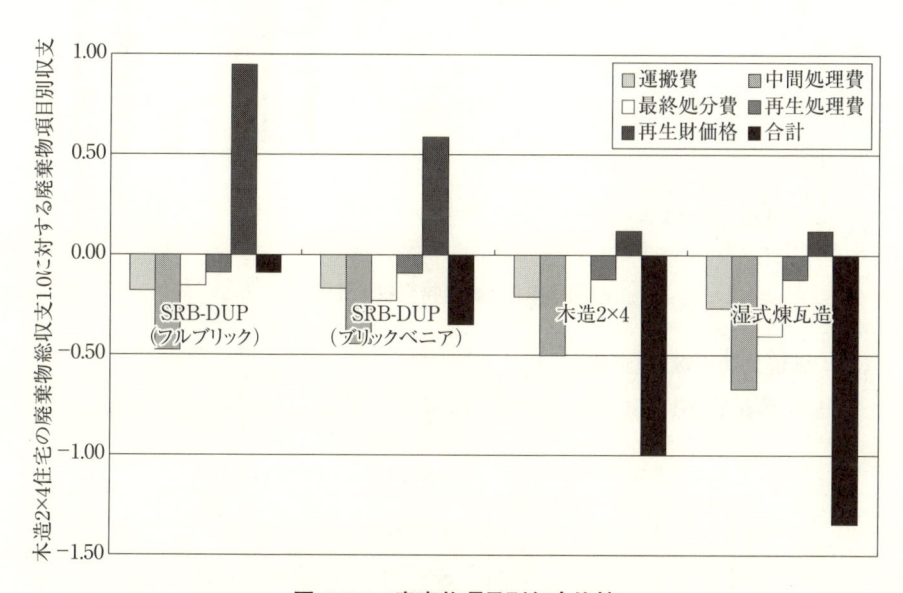

図-5.5.2　廃棄物項目別収支比較

図-5.5.3に廃棄物総収支比較を示す。いずれの評価算定モデルにおいてもSRB-DUP煉瓦造(フルブリック，ブリックベニヤ)が高い値を示す。SRB-DUP煉瓦造は廃棄物の環境負荷を低減させ，SRB-DUP煉瓦の使用個数が多いほど，廃棄物の環境負荷を低減させることができる。

第5章 環境負荷分析

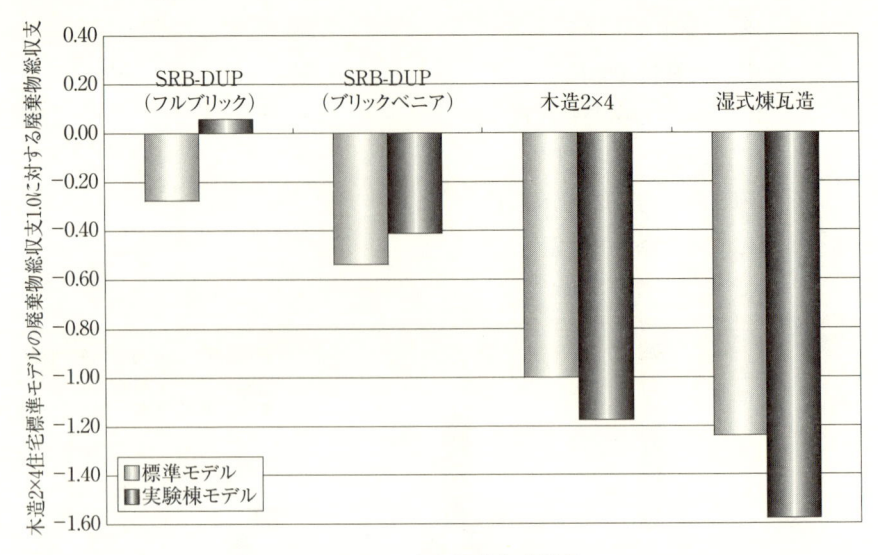

図-5.5.3 廃棄物総収支比較

(3) 環境負荷指数（廃棄物）：E_W

環境負荷指数（廃棄物）・E_W も廃棄物に関する環境負荷の評価指標となる。

環境負荷指数（Environmental Damage Index）E_W

$$E_W = \frac{W}{T} = \frac{T-R}{T} = 1 - \frac{R}{T}$$

E_W：環境負荷指数（廃棄物）
T：総廃棄物量（m³）
W：廃棄処理量（m³）
R：Recycle, Reuse, Return量（m³）

図-5.5.4 環境負荷指数（廃棄物）E_W

第6章 単体スループット・ΔT

6.1 単体スループットの概念

スループット方程式Tの定量解を求める概念式として，式(6.1)，(6.2)および(6.3)を与える。

$$T = \Sigma(\Sigma(\Sigma \Delta T_i)j)k \tag{6.1}$$

$$\Delta T_i = \Delta W_i - \Delta D_i \tag{6.2}$$

$$\Delta T = \Sigma \Delta T_i \tag{6.3}$$

ここに，ΔT_i：単体の豊かさの要素(i)の価値(Throughput Unit)
　　　　ΔW_i：単体の豊かさの要素(i)の水準(Welfare Unit)
　　　　ΔD_i：単体の豊かさの要素(i)を実現するための負荷(Damage Unit)

式(6.3)の$\Delta T = \Sigma \Delta T_i$は，単体のスループットである。

$\Sigma(\Sigma \Delta T_i)j$は，例えば，単体(住宅)で構成される地域(Area)，$\Sigma(\Sigma(\Sigma \Delta T_i)j)k$は，地域で構成されるブロック(Block)とする。

住宅の品質確保の促進等に関する法律，いわゆる品確法における耐震性，耐風性，耐火性，ホルムアルデヒド，透過損失等はΔT_iに含まれるが，同じ品確法に含まれる維持管理対策，大規模補修不要期間等は，気候・風土の影響を受けるので，ブロック(Block)レベル，すなわち，$\Sigma(\Sigma(\Sigma \Delta T_i)j)k$で評価されるだろうし，また，消費者が住宅を選ぶ際に重視する項目である，① 日当たり，② 風通し，③ 交通の便，④ 防犯性，⑤ 教育環境，⑥ 自然環境等は，地域，すなわち，$\Sigma(\Sigma \Delta T_i)j$で評価されよう。

これらの式を概念式と呼ぶのは，このように，i, j, kそれぞれが独立で単純な和事象ではなく，相互作用を有するinteractiveな要素を派生する積事象とし

て表される性質を内包していることを認めるからである。

　また，地域，あるいは，ブロックについて付言すれば，その場所の地形，気温および降雨量等の特性に応じて，それに適した植物が繁茂し，動物が生息する。それが生物の多様性である。人はそれを利用して群＝ブロックとして住み着き，その食生活に適応した固有の人間社会を形成する。それらは，どれが進んでいる遅れているの差ではなく，パターンの違いであるから，差別されてはならず，群固有の生活様式＝文化として尊重されなければならない。

　式(6.3)をΔT基礎方程式と呼ぶことにする。基礎方程式の解は，例えば，ΔTをコストで表したとして，

　ΔWは，現時点で売れる住宅・土地の価格，および，取得から現在までの所得収入総額の合計。

　ΔDは，その住宅・土地の取得費と取得から現在までの支出総額および環境負荷を環境税あるいは炭素税などに換算した額の合計。

　ΔTは，$\Delta W - \Delta D$，すなわち，その差が現時点での価値ΔTである。
ここで，ΔW：将来のある時点で売れると予想される住宅・土地の価格，および，現在から将来のある時点までに予想される所得収入総額の合計

　　　　ΔD：その住宅・土地の取得費と取得から将来のある時点までの支出総額および環境負荷を環境税あるいは炭素税などに換算した額の合計

とすれば，基礎方程式ΔTは，将来のある時点での住宅・土地の価値を与えることができる。ただし，経済情勢，利率などの不確定要因／変動が入ってくるので，予測時間は短いほど確度が高くなる。

　評価の単位は，コスト(Cost)，温暖化ガス(CO_2)および消費エネルギー(E)である。これらの評価単位は互換性を持つので，どれか，一つの単位で表示できれば，他の評価軸で表すことが可能である。

　ΔTをコストで表した場合の基礎方程式の解を具体的に表す式として式(6.4)を与える。

$$T(x) = (H_v(x) - H_a(x)) + (G_v(x) - G_a(x)) + (R_p(x) - R_e(x)) - E_t(x) \qquad (6.4)$$

　$T(x)$：建設からx年後のスループット
　$H_v(x)$：建設からx年後の住宅評価額
　$H_a(x)$：建設からx年間の住宅累積取得額

$G_v(x)$：建設から x 年後土地評価額

$G_a(x)$：建設から x 年間の土地累積取得額

$R_p(x)$：取得から x 年後までのキャッシュフロー（総収入額）

$R_e(v)$：取得から x 年後までのキャッシュフロー（総支出額）

$E_t(v)$：建設から x 年間の累積環境税（炭素税＋産業廃棄物税）

ただし，土地の評価額および累積取得額，取得から現時点までのキャッシュフロー（総収入額）は同じ場所に建設するものと仮定すると，値に差が生じない。

6.2　現時点評価額

　木造 2 × 4 住宅の耐用年数を 30 年，湿式煉瓦壁の耐用年数を 47 年，SRB-DUP 煉瓦の耐用年数を 200 年，SRB-DUP 金物の耐用年数を 100 年として，プロジェクトモデルの一年ごとの評価額の算定を行う。

　ただし，湿式煉瓦造住宅の構造体は木造であるため，木造 2 × 4 住宅と同様に 30 年で解体，立て替えを行うこととする。

　SRB-DUP 煉瓦造住宅は SRB-DUP 煉瓦壁および基礎以外の部分を 30 年ごとに大規模修繕を行うものとする。構造体である SRB-DUP 煉瓦壁に使用する金物の耐用年数は 100 年であるため，3 度目の大規模修繕は行わず，90 年で解体することとする。

　評価額は，「戸建住宅価格査定マニュアル」（不動産流通近代化センター発行）による査定法を基に式 (4.5) により算出した額による。

　図-6.2.1 に木造 2 × 4 を基準とした建設コスト比を示す。新築時や 30 年ごとの立て替え時および大規模修繕時は，いずれの住宅も高い値を示すが，年数を経るに従って木造 2 × 4 住宅および湿式煉瓦造住宅に比べて SRB-DUP 煉瓦造住宅（ブリックベニヤ，フルブリック共）が高い値を示す。

　30 年後の SRB-DUP 煉瓦造住宅の評価額は木造 2 × 4 住宅に対して，ブリックベニヤで 2.3 〜 3.4 倍，フルブリックで 3.4 〜 4.7 倍の値となる。

$V_{p1} < V_{p2} < V_{p3} < \cdots < V_{pm} < 0.9 < V_{pm+1} < \cdots < V_{pn}$ の場合

$$H_v(x) = \sum_{k=1}^{m}(1 - V_{pk}) \cdot C_k + 0.1 \sum_{k=m+1}^{n} C_k$$

$$V_{pk} = \frac{x - B_{fk}}{B_k}$$

$$= \frac{1}{B_k} \cdot \left(x - P_d \cdot \left[\frac{x}{P_d} \right] - P_{fk} \cdot \left[\frac{x - P_d \cdot \left[\frac{x}{P_d} \right]}{P_{fk}} \right] \right) \quad (6.5)$$

ここに，x：経過年数(年)

V_{pk}：部位別経過年数/部位別耐用年数

B_{fk}：部位別最終施工または保全・修繕年(年)

B_k：部位別耐用年数(年)

P_{fk}：部位別保全・修繕周期(年)

P_d：解体周期(年)

C_k：部位別建設コスト(円)

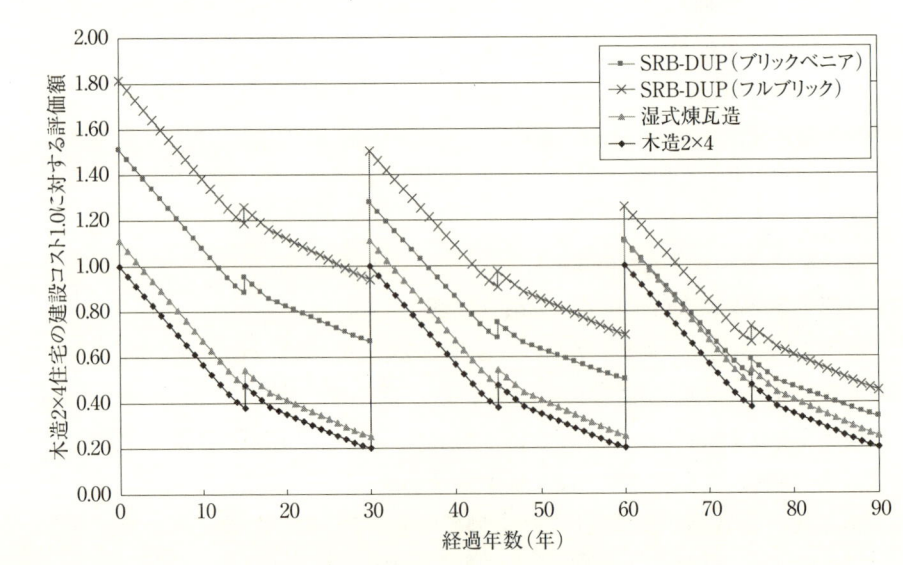

図-6.2.1　現時点評価額比較

6.3 累積取得額

$$H_a(x) = \sum_{k=1}^{n} C_k \cdot \left\{ \left(\left[\frac{x}{P_d} \right] + 1 \right) + \left[\frac{x}{P_d} \right] \cdot \left[\frac{P_d}{P_{fk}} - 1 \right] + \left[\frac{x - P_d \cdot \left[\frac{x}{P_d} \right]}{P_{fk}} \right] \right\}$$

$$+ \sum_{k=1}^{n} D_k \cdot \left(\left[\frac{x}{P_d} \right] + \left[\frac{x}{P_d} \right] \cdot \left[\frac{P_d}{P_{fk}} - 1 \right] + \left[\frac{x - P_d \cdot \left[\frac{x}{P_d} \right]}{P_{fk}} \right] \right)$$

$$= \sum_{k=1}^{n} C_k \cdot \left\{ 1 + \left[\frac{x}{P_d} \right] \cdot \left(1 + \left[\frac{P_d}{P_{fk}} - 1 \right] \right) + \left[\frac{x - P_d \cdot \left[\frac{x}{P_d} \right]}{P_{fk}} \right] \right\}$$

$$+ \sum_{k=1}^{n} D_k \cdot \left(\left[\frac{x}{P_d} \right] \cdot \left(1 + \left[\frac{P_d}{P_{fk}} - 1 \right] \right) + \left[\frac{x - P_d \cdot \left[\frac{x}{P_d} \right]}{P_{fk}} \right] \right) \quad (6.6)$$

ここに，D_k：部位別解体時コスト（円）

累積取得額は，それまでにかかった施工，保全・修繕，および解体コストとして算出した式(6.6)による。

図-6.3.1に木造2×4プロジェクトモデルを基準とした建設コストの累積取得額比を示す。

木造2×4住宅，および，湿式煉瓦造住宅は，30年ごとに立て替えを行うので，解体費，および施工費が発生する。

SRB-DUP煉瓦造住宅（ブリックベニヤ，フルブリック共）は，30年ごとに大規模な修繕を行うため，保全・修繕費が発生する。

イニシャルコストは，SRB-DUP煉瓦造住宅が高いが，30年，60年と木造2×4住宅および湿式煉瓦造住宅が建て替え年数を迎えるごとに高くなり，90年後にはSRB-DUP煉瓦造住宅の累積取得額は，木造2×4住宅に対してブリックベニヤで6～10％，フルブリックで1～6％低い値となる。

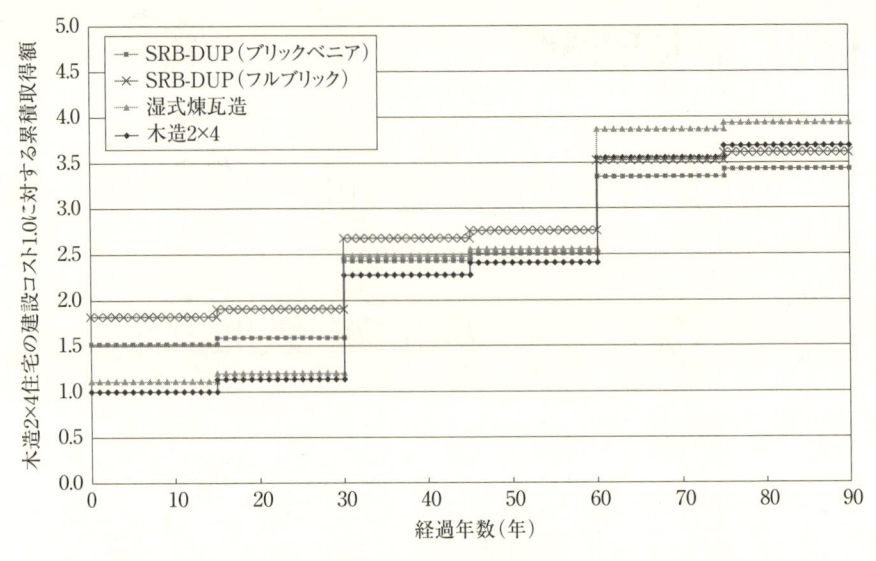

図-6.3.1　累積取得比較

6.4　単体スループットの算定

　前節で算定した算定値，運用コストにより算定した取得から現時点までのキャッシュフロー（総支出額），および我が国で導入された場合に想定される環境税を代入し，スループットの算定を行う。ただし，土地，および取得から現時点までのキャッシュフロー（総収入額）はいずれの住宅も0として算出した（式(6.7)）。

$V_{p1} < V_{p2} < V_{p3} < \cdots < V_{pm} < 0.9 < V_{pm+1} < \cdots < V_{pn}$ の場合

$$T(x) = (H_v(x) - H_a(x)) + (G_v(x) - G_a(x)) + (R_p(x) - R_e(x)) - E_t(x)$$

$$= \sum_{k=1}^{m} C_k \cdot \left[(1 - V_{pk}) - \left\{ 1 + \left[\frac{x}{P_d} \right] \cdot \left(1 + \left[\frac{P_d}{P_{fk}} - 1 \right] \right) + \frac{x - P_d \cdot \left[\frac{x}{P_d} \right]}{P_{fk}} \right\} \right]$$

$$+ \sum_{k=m+1}^{n} C_k \cdot \left[0.1 - \left\{ 1 + \left[\frac{x}{P_d} \right] \cdot \left(1 + \left[\frac{P_d}{P_{fk}} - 1 \right] \right) + \frac{x - P_d \cdot \left[\frac{x}{T_d} \right]}{P_{fk}} \right\} \right]$$

$$
\begin{aligned}
&-\sum_{k=1}^{n}D_k\cdot\left(\left[\frac{x}{P_d}\right]\cdot\left(1+\left[\frac{P_d}{P_{fk}}-1\right]\right)+\left[\frac{x-P_d\cdot\left[\frac{x}{P_d}\right]}{P_{fk}}\right]\right)-R_e-E_t \\
&=-\sum_{k=1}^{m}C_k\cdot\left\{\frac{1}{B_k}\cdot\left(x-P_d\cdot\left[\frac{x}{P_d}\right]-P_{fk}\cdot\left[\frac{x-P_d\cdot\left[\frac{x}{P_d}\right]}{P_{fk}}\right]\right)\right. \\
&\qquad\left.+\left[\frac{x}{P_d}\right]\cdot\left(1+\left[\frac{P_d}{P_{fk}}-1\right]\right)+\left[\frac{x-P_d\cdot\left[\frac{x}{P_d}\right]}{P_{fk}}\right]\right\} \\
&\quad-\sum_{k=m+1}^{n}C_k\cdot\left\{0.9+\left[\frac{x}{P_d}\right]\cdot\left(1+\left[\frac{P_d}{P_{fk}}-1\right]\right)+\left[\frac{x-P_d\cdot\left[\frac{x}{P_d}\right]}{P_{fk}}\right]\right\} \\
&\quad-\sum_{k=1}^{n}D_k\cdot\left(\left[\frac{x}{P_d}\right]\cdot\left(1+\left[\frac{P_d}{P_{fk}}-1\right]\right)+\left[\frac{x-P_d\cdot\left[\frac{x}{P_d}\right]}{P_{fk}}\right]\right)-R_e(x)-E_t(x) \qquad(6.7)
\end{aligned}
$$

図-6.4.1に木造2×4プロジェクトモデルを基準とした建設コストに対するスループット算定値を示す。いずれの住宅も新築時には大きな違いはないが、年数を経るごとにSRB-DUP煉瓦造住宅と他の二つの住宅とのスループットの差は大きくなり、90年後のSRB-DUP煉瓦造住宅のスループットは木造住宅に対して、ブリックベニヤで8～9％、フルブリックで7～8％高い値となる。

また、**図-6.4.2**に木造2×4プロジェクトモデルを基準とした建設コストに対する各住宅モデルの90年間の累積スループット算定値比較を示す。SRB-DUP煉瓦造住宅のスループットは木造住宅に対して、ブリックベニヤで7～8％、フルブリックで6～7％高い値となった。

第 6 章 | 単体スループット・ΔT

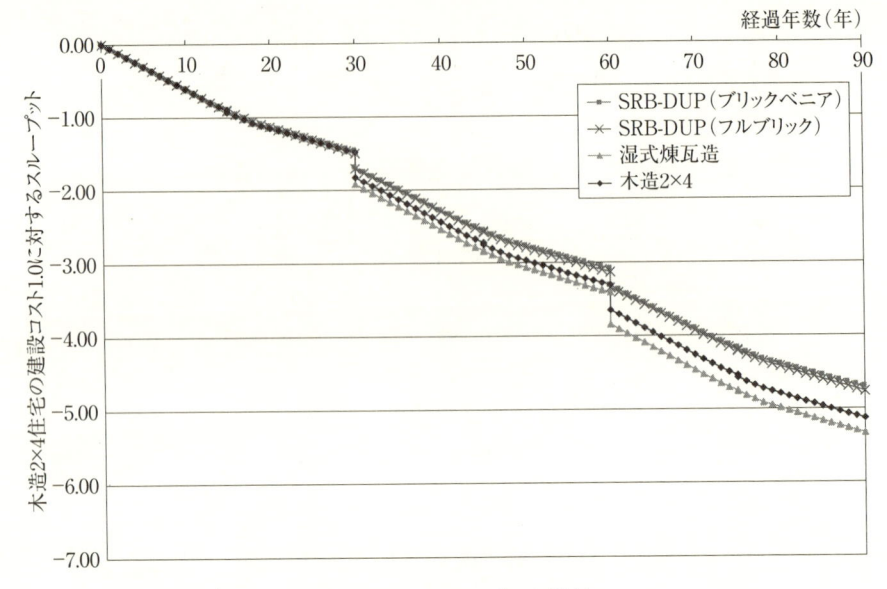

図-6.4.1　スループット比較

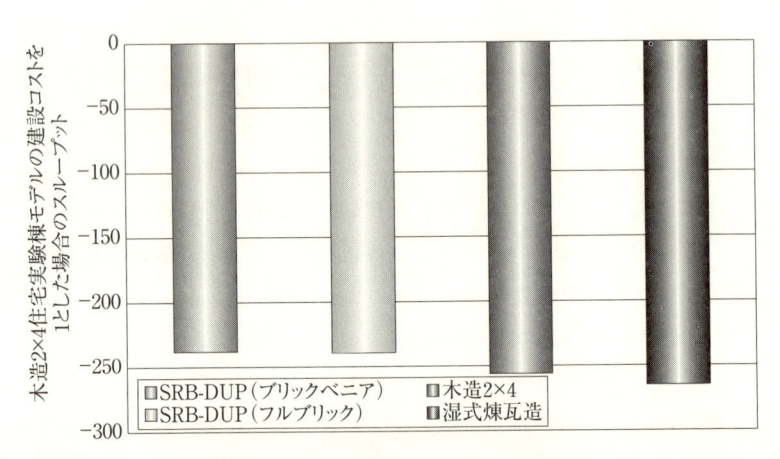

図-6.4.2　累積スループット比較

6.5 バリアフリーメンテナンス

修繕工事に合わせてバリアフリー工事を行う場合について，評価対象プランを対象にして改造プランを検討して，メンテナンス込みの評価額を算定する（**図-6.5.1**）。改修仕様を**表-6.5.1**に示す。

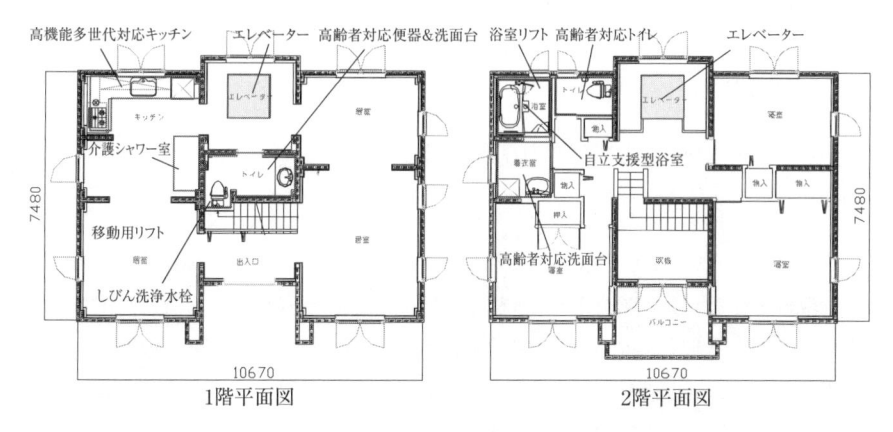

図-6.5.1 バリアフリーメンテナンス評価対象の改修プラン

表-6.5.1 バリアフリー改修プラン

高機能化	システムキッチン	高齢者対応キッチン	1	セット	A
	洗面台	高齢者対応洗面台	2	セット	
	トイレ	車いす対応便器	2	セット	
	戸	引き戸（クローザー付）	5	セット	
	ユニットバス	介護自立支援浴槽システム	1	セット	
選択肢	エレベーター	W：1 325mm　D：1 325mm	1	基	B
	年間維持費	年間メンテナンス契約	50 000	円/年	
補助	シャワー併設	W：750mm　D：1 500mm　H：2 027mm	1	セット	C
	後付けトイレ水栓	しびん洗浄トイレ水栓	1	セット	
	移動リフト	介護リフト（入浴も可）	3	セット	
	吊り具	通常用と入浴用のペア	1	セット	
	手摺	1階：40.5m　2階：32.3m　階段：2.25m	1	セット	D

6.5.1 修繕工事

小規模修繕では，外部塗装，内部塗装，給排水設備工事，電気工事を行う。こ

の程度の工事費は，2007年，福岡単価で約130万円である。

中規模修繕では，小規模修繕に加えて，雨樋，タイル貼り，衛生，天井クロス貼り，壁クロス貼り 機器工事，1・2階床上げ工事を行う。この程度の工事費は，2007年，福岡単価で約500万円である。

大規模修繕では，中規模修繕に加えて，野地板・鼻隠し，屋根防水シート，屋根取付，軒天，アルミサッシ，間仕切壁取付，2階床張り，1階床下断熱材取付，1階床張り，1・2階天井ボード張り，2階床下断熱材取付，壁断熱材取付，2階天井断熱材取付，内装壁ボード張り，木製建具工事を行う。

6.5.2　メンテナンス込みの評価額

第1次取得時の年齢によって，メンテナンスプランは異なる。

例えば，45歳で住宅を購入した場合，15年目の60歳で，中規模修繕と高齢者向け改修(A，B，D)。30年目の75歳で，小規模修繕と寝たきり用改修(C)を行う。

また，第1次取得時の年齢が30歳の場合，15年の45歳で，小規模修繕。30年目の60歳で，中規模修繕と高齢者向け改修(A，B，C)。45年目の75歳で，小規模修繕と寝たきり用改修(C)を行う。

第1次取得時の年齢が45歳および30歳の場合について，それぞれのメンテナンスプランを実施した場合の資産価値の変化(現時点評価額)を示す。乾式煉瓦造

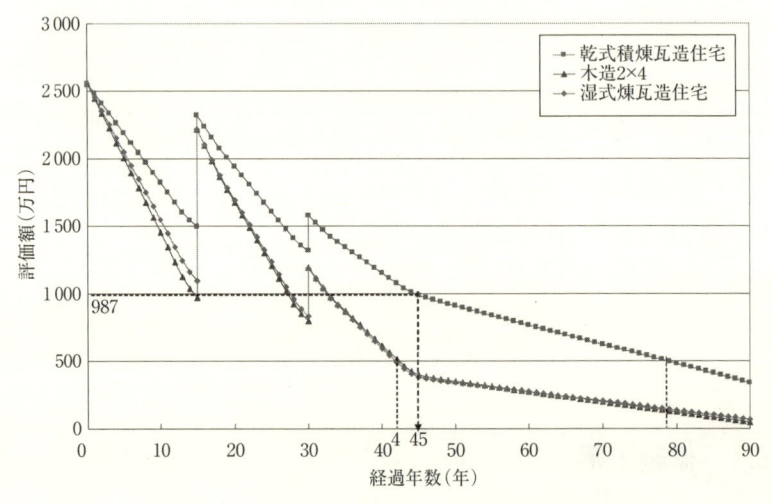

図-6.5.2　メンテナンス込みの評価額(45歳取得)

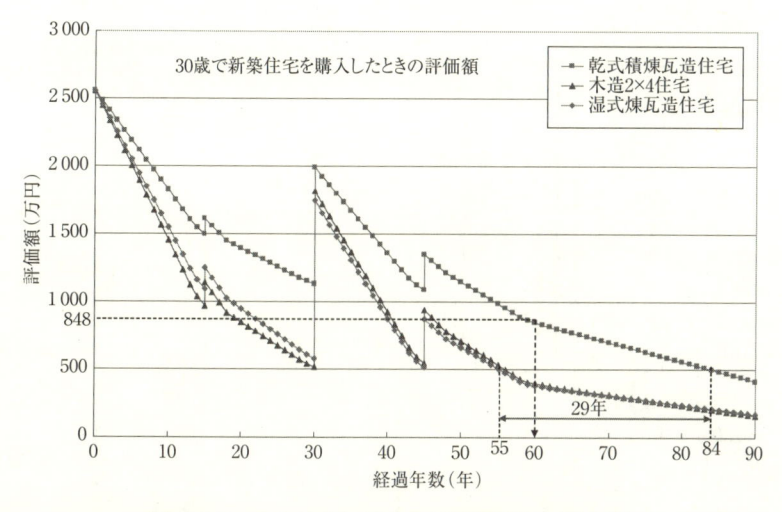

図-6.5.3　メンテナンス込みの評価額(30歳取得)

住宅は，修繕費用に限らず，介護費用，年金の不足の穴埋めなど，使い道が幅広い付加価値の高いリユース構造を実現する．

6.6　スループット第1近似による環境性能評価

6.6.1　環境影響負荷の第1近似評価

木造2×4住宅標準モデル，および実験棟モデルのライフサイクルにおける環境負荷算定値を環境影響評価基準とし，

$$T_1 = W_1 - D_1 \tag{6.8}$$

ただし，T_1：第1近似スループット
　　　　W_1：環境影響評価基準
　　　　D_1：改善後の環境負荷算定値

式(6.8)の W_1 に代入し，D_1 にプロジェクトモデルの環境負荷算定値を代入し，第1近似スループットを算定する．

図-6.6.1に算定結果を示す．SRB-DUP煉瓦造住宅(フルブリック，ブリックベニヤ共)の第1近似スループットはほぼすべての要素において正の値を示す．

第❻章 単体スループット・ΔT

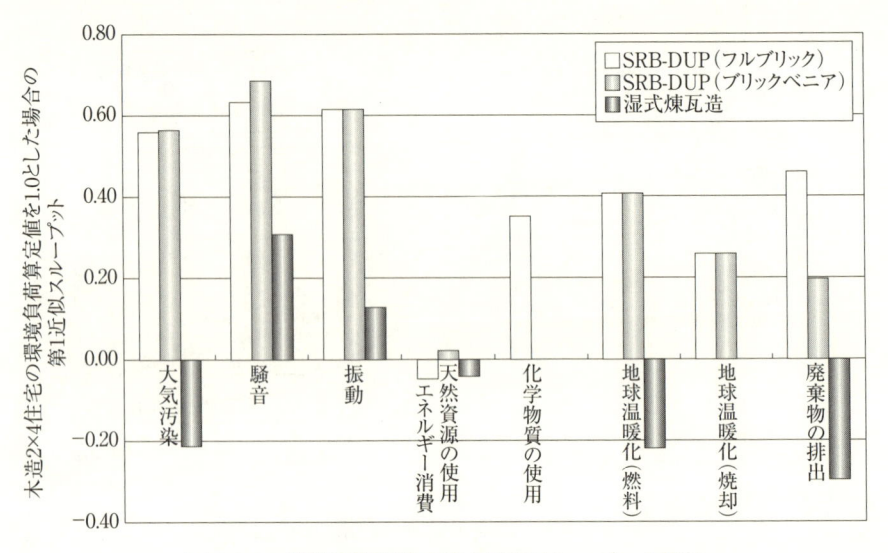

図-6.6.1 環境影響負荷の第1近似スループット比較

6.6.2 環境負荷指数（廃棄物）E_W の第1近似解釈

第1近似解　$T_1 = W_1 - D_1$
W_1＝本プログラムを適用しないときの現状・住空間システムのLCE/LCC/LCCO$_2$
D_1＝本プログラムを適用したときの現状・住空間システムのLCE/LCE/LCCO$_2$

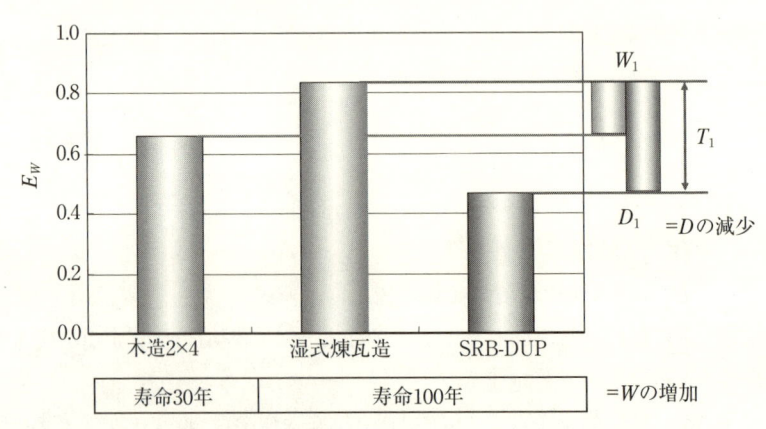

図-6.6.2 環境負荷指数の第1近似スループット比較

6.6.3 現時点評価額の第 1 近似解釈

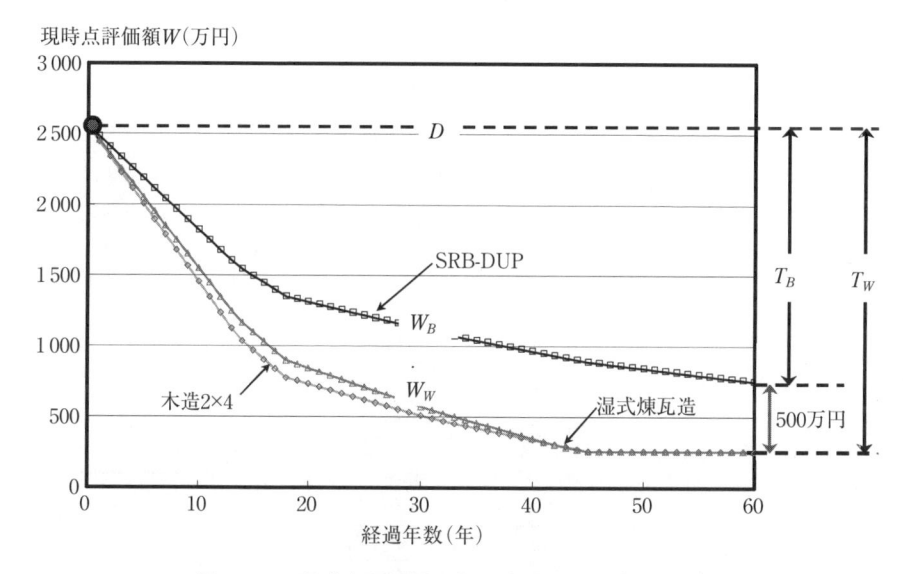

図-6.6.3 現時点評価額の第1近似スループット比較

6.6.4 エネルギー政策の第 1 近似解釈

　1997 年 12 月の COP3 において京都議定書が成立し，2005 年 2 月 16 日に発行した。我が国は 1990 年に対して 6％の CO_2 排出量の削減が義務づけられているが，2008 年の CO_2 排出量のシミュレーションでは 1990 年に対して 6％増加する結果となっている。要求されていることは CO_2 排出量を削減することであり，生活の豊かさまで下げる必要はない。生活の豊かさはシミュレーション通り維持増進させるが，省エネ対策，新エネ対策，技術革新等で CO_2 排出量を削減することである。エネルギー政策の第 1 近似解釈としては，従来型の政策で予想される CO_2 排出量と省エネ対策，新エネ対策，技術革新等の政策で予想される CO_2 排出量の差（スループット）を増大させることである。

第6章 単体スループット・ΔT

エネルギー政策の第1次近似解釈

新たな省エネ，新エネ対策などによるCO_2排出量削減効果

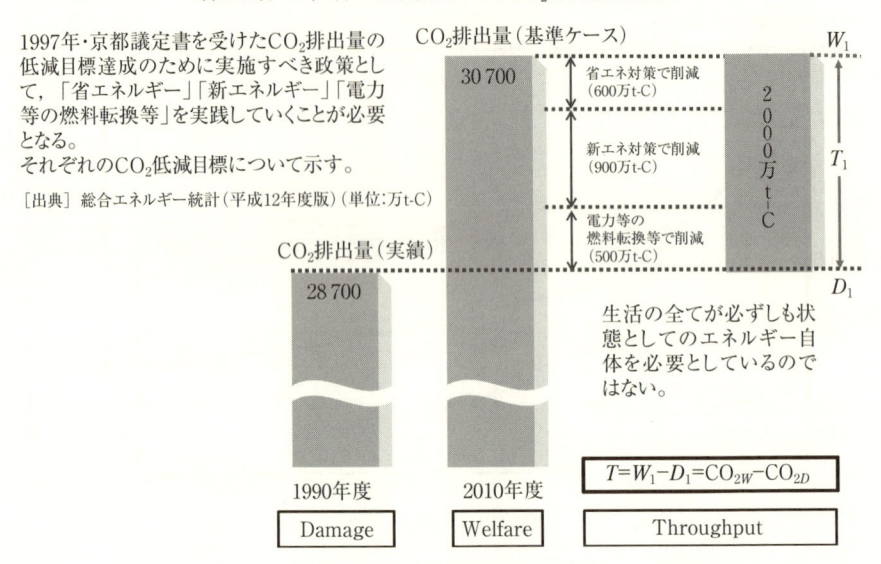

1997年・京都議定書を受けたCO_2排出量の低減目標達成のために実施すべき政策として，「省エネルギー」「新エネルギー」「電力等の燃料転換等」を実践していくことが必要となる。
それぞれのCO_2低減目標について示す。

[出典] 総合エネルギー統計（平成12年度版）（単位：万t-C）

CO_2排出量（基準ケース）
30 700
省エネ対策で削減（600万t-C）
新エネ対策で削減（900万t-C）
電力等の燃料転換等で削減（500万t-C）
2000万tC
W_1
T_1
D_1

CO_2排出量（実績）
28 700

生活の全てが必ずしも状態としてのエネルギー自体を必要としているのではない。

$T = W_1 - D_1 = CO_{2W} - CO_{2D}$

1990年度　Damage
2010年度　Welfare
Throughput

図-6.6.4　エネルギー政策の第1近似スループット比較

参考文献
1) 日本サステナブル・ビルディングコンソーシアム（JSBC）：建築物総合環境性能評価システム，マニュアル1，環境配慮設計（DfE）ツール
2) 住宅品質確保研究会，建設省住宅局住宅生産課，ベターリビング，創樹社：必携住宅の品質確保の促進等に関する法律

第7章 ビジネスモデルと財務諸表

　われわれは，金融経済制度の現実と無縁ではありえない。高度化した金融技術は，金融経済のグローバル化を加速している。そこには，マネーゲーム化の進行に象徴されるように，実体経済から乖離した現実がある。「持続可能な消費」は，食糧とエネルギー資源を盤石に確保してはじめて成り立つ。現状は，食糧もエネルギー資源も自給できないのであるから，製造業を基盤にするしかなく，同時に，公正な分配で安定した厚い中間層をつくる経済構造が選択されるであろう。

　「世代間建築」のシステムがそのような経済構造の中で新しいビジネスモデルとして機能するのであれば，本章の財務諸表は，高度化した金融工学に対する最小限のツールである。

　ある一定の目的に基づいて構成員が協力しあい，その目的を実現するものを組織体という。利益を生みながら成長・発展し，利益の極大化を目的とする。組織体の形態として，企業，公社，公団，大・中の病院等がある。組織体の中で企業は最も数が多い。

　企業は，効率性と競争性を第一義とする。これを競争性原理という。競争性原理は，効率が上がれば，コストが下がって競争力がつく。競争力がつくとシェアが広がる。またコストが下がる。結果，効率がよくなる。効率性と競争性とは相乗効果を発揮して企業の最終目標である利益の極大化を実現していく。

　企業の経営成績や財政状況を株主や債権者に報告するためや，企業内の経営管理のために，一定の基準に基づいて作成される書類（貸借対照表，損益計算書，株主資本等変動計算書，個別注記表，事業報告書，附属明細書）を財務諸表という。

　技術も工学も与えられた目的を達成するための方法であり，数学を駆使するし，効率を最も求めるという点で経済行為とよく似ている。ただ，法則のでき方が違えば，その結果として法則の利用の仕方も違ってくるので，注意しておいた

方がいい。

技術・工学で用いる自然法則は，人間社会のまったく外に存在する。自然法則は，その法則の形成と把握に，人間の意識はまったく関係しない。技術・工学はそのような法則に基づいている。したがって，天気予報は，データさえ整っていけば，しだいに正確に予測できるようになる。

一方，経済法則は，人間自身が人間の社会関係の中で創り出す法則で，その法則の形成に人間の意志がかかわっている点が自然法則とはまったく異なる。経済法則に基づいて予測が公表された途端に，意志と意識を持った人間の行動に影響を与え，それが予測とは異なった結果を生んでしまう。したがって，株価予測ははずれることもある。

7.1 ビジネスモデル

徹底したシステム化を行い，あとは，そのシステムを動かすだけでビジネスが成り立ってしまうというモデルをビジネスモデルという。

ビジネスモデルにおいては，コストダウン推進による極度の低価格化が成功要因となる。システム化，標準化を徹底することによって，極力無駄を省き，低コスト，低価格を実現する。

D-BHSのビジネスモデルとしては，ハードビジネスである煉瓦の製造・供給面とソフトビジネスとして煉瓦住宅の構造計算，煉瓦工法指導等がある。

煉瓦の生産に関しては，国内外のメーカーの商品を使用するが，その煉瓦の二次加工を含めた組織化および体制が必要である。顧客の満足を如何にして満たすか。そのためには，顧客が指定する色の煉瓦を少量・多品種を安く，早く，安定的に供給しなければならない。そのためには下記条件を満たす必要がある。

① 一般流通品の煉瓦を使用する(仕様を特殊化させない)。
② 通常在庫品を使用する(安定供給)。
③ 流通経費の削減(製品に対する流通経費の割合を下げ価格を下げる)。

(1) ケーススタディ・資材調達システム

巻き煉瓦加工。一般に生産されている煉瓦を石炭灰モルタルによりキャッピングして巻き煉瓦として使用する。この方法を用いることによって，普通煉瓦のSRB-DUP工法用煉瓦への使用が可能になる。このことは，SRB-DUP用煉瓦の

少量多品種供給が可能になることを示している．加えて，煉瓦製造サイドにおける通常在庫品での取引となる為，製品単価の交渉機会が増える．同時に，カスタムメイドの住宅でなくオーナーメイドな住宅として差別化を図ることができる．ビジネスモデルとしては，各工務店に対する施工指導，構造計算，煉瓦の割付図面の作成等サービスが考えられる．これらは，各地区の工務店をブロックごとに組織化して，その組織または住宅等を受注した工務店に対して行うサービスである．

7.1.1 単品生産型住宅の資材調達システム

現在建設されている住宅建築は，企画型住宅，および単品生産型住宅に大別される．資材調達を考える上で企画型住宅は，大量発注を原則としており規格化された部材を大量に調達するシステムを採用し，コストダウンを行っている．単品生産型住宅は，ユーザの要望に幅広く対応できプランに対する顧客満足度は企画型住宅よりアップすると考えられる．しかしながら大量発注を行わない資材調達方式はコストパフォーマンスにおいて不利になる．近年，企画型住宅も単品生産型住宅まではいかないもののプランに対する自由度を上げておりユーザの選択の幅を広げてきている．

D-BHSの特徴を活かす流通形態は単品生産型住宅として位置づける．単品生産型住宅では企画型住宅に比べて競争力のある資材調達システムを確保する必要がある．資材調達は，為替レート次第では海外調達も行うことを視野に入れると，下記が考えられる．

① 1回の発注量をできるだけ小さくする（まとめ買い，見込み発注，一括購入を避ける）．
② 発注単位をできるだけ小さくする（企業単位より事業所単位，事業所単位よりグループ単位，グループ単位より個人を発注者とする）．
③ 発注頻度をできるだけ多くする（受注の都度ごとの発注と，その都度ごとのデリバリーを行う）．

システムの条件　単品生産型住宅とはいわゆるオーダーメイド住宅である．したがって資材調達システムを考案する上でオーダーメイド住宅に対応できるシステムにしなければならない．オーダーメイドにおける資材調達で要求される事項は次に示す項目が挙げられる．

① 瞬時に大量の情報交換が可能
② 情報の共有化
③ 低コストな情報交換

以上の条件を満たすことができるツールとしてITシステムを資材調達システムのツールとする。ITシステムを利用したeビジネスでは，在庫を持たないことが大切であり，大量生産，大量販売の発想は向かない。eビジネスが利益を捻出するためには，需要の時間的，空間的独立性を高めた形で受注および納入ができる仕組みをつくることが重要である。ITシステムを利用したeビジネスと，資材調達の基本方針はよく一致しており，したがって単品生産型住宅の資材調達システムを，ITシステムを利用した電子調達システムで構築することができる。

システムの機能　　図-7.1.1に資材調達システムの時系列フローを示す。

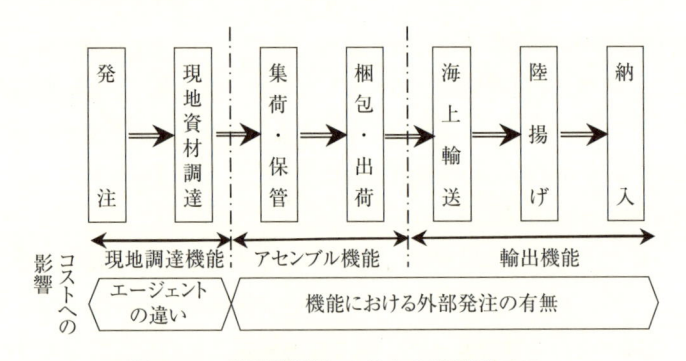

図-7.1.1　資材調達システムの時系列フロー

資材調達システムは，① 現地調達機能，② アセンブル機能，③ 輸出機能の3機能に分類できる。各機能においてコストへの影響が顕著になる要素は，現地調達機能においてはエージェントの違い，アセンブル・輸出機能においては外部発注の有無である。

7.1.2　ビルダー・エージェント資材調達システム

ビルダーをエージェントとして，資材調達システムにおける現地調達機能も行わせると，資材調達コストおよび品質チェック面において勝る。

図-7.1.2に資材調達システム機能図を示す。ここで作業内容は，図中の番号が若いほど前工程である。ビルダーが資材を積算し，高品質資材を低コストで調達

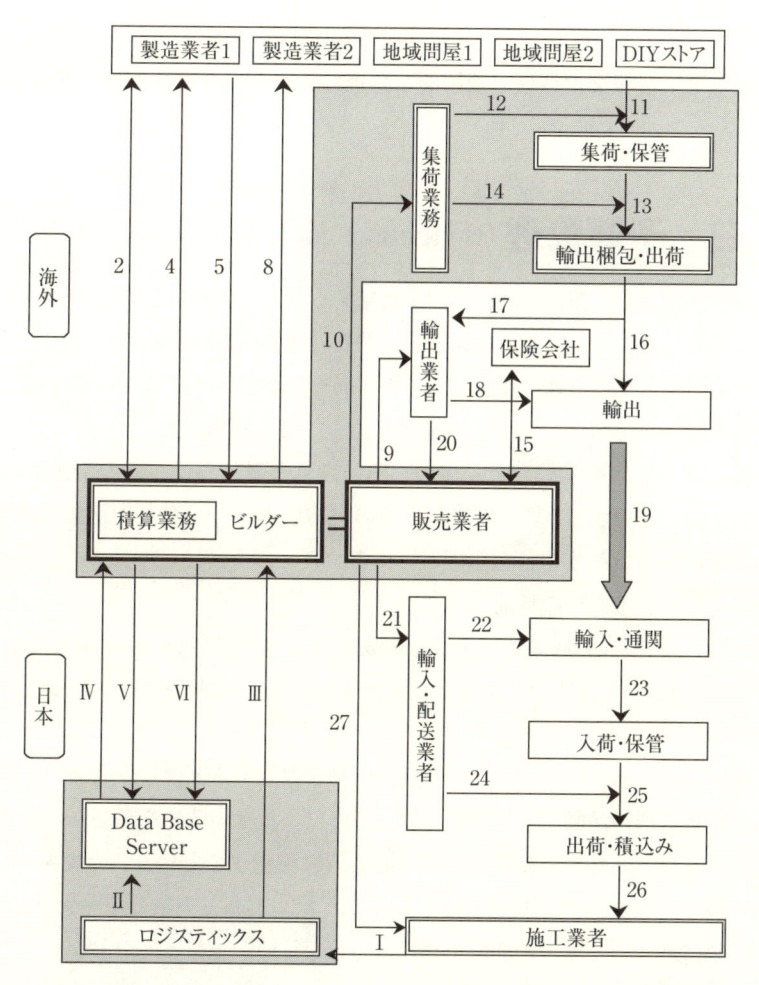

図-7.1.2 ビルダーをエージェントとした資材調達システム機能図

し，資材集荷，梱包，およびコンテナ搬入業務を兼務する。このことによって中間マージンが削減されるが，その利益はビルダーとオーナーとで折半される。ビルダーをエージェントとした資材調達システムは，総合的なコストパフォーマンス評価が優れたシステムとなる。

電子調達システム・CPSB　Cybernetic Procurement System by Builder。ビルダーをエージェントとした資材調達電子システム。

　情報伝達の手段としてITを利用する。電子調達システムの評価項目として情

報伝達の確実性，通信コストの低減性が挙げられる。情報伝達の確実性については現在の電子情報交換技術の飛躍的な発達によりその信頼性と確実性を向上する。

7.2 予算管理(Budgetary control)

予算管理の意義と機能。利益計画を策定すると，その利益計画に基づいて具体的に予算化することになる。企業が行う個々の経営活動は予算制度のもとに行われ，継続的に予算と実績を比較してその差異を分析し，不利な差異についてはその原因や責任を追求し，改善策を講じていくことになる。

予算管理とは，経営管理者が現場部門の意見を徴しつつ起業の全体的観点から，科学的・政策的に予算を編成し，その実施に当たって各部門活動を調整し，かつ実施活動を統制する計数管理といえる。

予算管理における3つの機能

計画機能　科学的・政策的に予算を編成するとは，現場からつみあげられる統計的・科学的資料と，トップの政策的判断が融合して計画が立案されるということである。

調整機能　その実施に当たって各部門活動を調整するとは，販売部門，製造部門などの各部門の活動が円滑に行われるように，相互の関係を調整し，企業全体が1つの有機体として有効に活動できるように配慮するということである。

統制機能　実施活動を統制するということで，予算と実績との差異を分析し，その結果に基づいて原因の究明や責任の追及を行い，予算と定離しないための方策や手段を講じていくことを言う。

7.2.1 現金収支(Cash flow)

キャッシュフロー(Cash flow)は直約すれば現金の流れになる。収支の意味では，大きく現金収支，手形等の期間収支に別けられる。一般的に手持ち現金が支払いに対して十分であるかどうかはキャッシュフローとして表現される。例として，黒字倒産という言葉があるが，損益収支上経理的に黒字で有っても十分な支払い現金が無ければ会社は倒産する。そのため，手形決済による手形の現金化の期日を計算し現金収支の管理を行う。わかりやすく言えば，現金は人体を回る血液の

ようなもので血液が血栓等で詰まってしまうと人は死に直面してしまう。そのため，現金収支を管理することはたいへん重要なこととなる。

7.2.2 経済性評価(Economic assessment)

経済性評価を行う上で基本的概念として，目標を設定しある方針のもとで運営される場合に得られる価値と支払われる努力または犠牲との相互比較によって行われることである。
そこには経済的システムと効果的システムが存在する。

① 経済的システムとは，同一効果を得る為に最小費用で済むもの。
② 効果的システムとは同一費用で最大の効果を達成できるもの。

システムの評価は，単に性能あるいは費用だけで，決まるわけではなく，その信頼性・安全性などシステムの価値に影響を及ぼす要因は多い。すべてのシステムの開発に関して各要因に対して相対的重要度を考慮する必要がある。一般にこれら相互の関係は次のようにまとめることができる。

① システムの費用は，一般的に性能や信頼性が一定水準にある場合，費用が小さい方がシステムの評価が高い。
② システムの性能は，現在の技術革新のテンポが著しい中でのシステム策定となる。平均的な技術水準に照らしてシステム性能が優れており，システムの信頼性が高いほどシステムの価値は高い。
③ システムの開発期間，すなわちシステム開発から設計，製造にいたるリードタイム(納期)が短ければ短いほど価値は高い。

具体的な例として物流システムの経済性評価を下記に示す。

物流システムの開発・運用に先だってシステム分析，計画・設計，製造・運用・廃棄の全過程にわたって経済性を評価することが必要である。システムの経済性評価の基礎となる要因として，① 投入資金，資材，労働力などの資源で，これは費用(cost)として計測される，② システム運用により得られる利益(revenue)，③ システムの耐用年数または寿命，がある。さらに，費用はシステム開発費用，システム建設費用，そして操業費用に大別できる。しかもこれらの費用の発生は長期に及ぶので，システムの経済性評価に当たって費用と収益の時間価値を考慮に入れる必要がある。代表的な評価の方法を次に掲げ，それらの概要を説明する。

(1) システムの経済性評価基準
a. 分岐点分析による優劣比較

2種の新規設備の購入を巡って優劣比較を行う際に月間の総費用を比較することが行われる。すなわち、

　　　総費用＝月間固定費＋1トン当たり荷役費(変動費)×取扱貨物量

という計算で求め、それの大小で比較する。

例えば、同じ機能を果たす2種の荷役用クレーンA、Bがある。どちらも購入のための月間固定費はAが100万円、Bが200万円である。一方、貨物1トン当たりの荷役費(変動費)はAが600円、Bが400円である。A、Bどちらのクレーンの購入が有利か。

いま取扱貨物量をxとすると、両荷役機械による総費用は、それぞれ

機械A：100万＋600x　(円)

機械B：200万＋400x　(円)

であるから、総費用の優劣分岐点(Break-Even Point, BEP；わかれ目になる点という意味で、損益分岐点ともいう)を求めると、

$$x = \frac{200万 - 100万}{600 - 200} = 5\,000 (トン)$$

である。したがって、取扱貨物量が5 000トン未満なら荷役機械Aを、5 000トンを超えるなら機械Bが有利となる。

購入の代わりに賃借であってもその費用は一般に賃借料(固定費)と荷役費(変動費)に区別されるので上記と同様の分岐点分析が成り立つ。しかし同じ2種の設備を比較する問題であっても既購入の手持ち設備2基の優劣を比較する場合には、固定費の額に関係なく荷役費(変動費)の大小で優劣を決めれば足りる。上記の例で荷役機械A、Bがともに手持ちの設備であれば取扱貨物量の大きさに無関係に常に機械Bを優先し、Bが使用中のときだけAを使うのが有利ということになる。

b. 正味現価法

現在価値法ともいうが、期待利益の純割引現在価値最大の方法である。Pを総投資額、R_1, R_2, …… R_nをそれぞれ初年度、第2年度、……、第n年度末の予想粗利益とすれば、n年間の利益総額はけっしてこれらの支払い額と受領額の単なる代数和ではない。異なる時点での支払いまたは受領の行われる金額を共通の

価値単位に換算することが必要で，これはふつう利子率で測られる．その換算の基準を初年度当初に採ると，各年の支払い額または受領額に割引率 $(1+i)-1$ のべき乗を掛けて総和を求めると期待利益の純割引き現在価値（Present Worth, PW）が得られる．

すなわち，

$$PW = -P + R_1(1+i)^{-1} + R_2(1+i)^{-2} + \cdots\cdots + Rn(1+i)^{-n} \tag{7.1}$$

ここで，n は設備の耐用年数，
i は利子率（市中銀行の貸出金利など）
である．

次に，この式を総投資額 P で割れば単位投下資本当たりの現在価値（NPW）となる．

$$NPW = -1 + R_1(1+i)^{-1}/P + R_2(1+i)^{-2}/P + \cdots + Rn(1+i)^{-n}/P \tag{7.2}$$

したがって，この基準によれば純割引き現在価値が正のとき常に投資すべきである．この式でもし毎年の利益が等しければ，$R_1 = R_2 = \cdots\cdots = Rn = R$ となり，

$$NPW = -1 + R/P \times \{1-(1+i)^{-n}\}/i \tag{7.3}$$

となる．

c． 回収期間法

回収期間法は，投資案の回収期間を算出し，それが満足しうるかどうかで経済性を測定する．これは次のようにして計算される：

$$回収期間 = 投資額 \div 年々のキャッシュフロー \tag{7.4}$$

例えば投資額 450 万円の包装機械の購入によって年々のキャッシュフロー 90 万円が期待できるならば，

$$回収期間 = 450 万円 \div 90 万円 = 5（年）$$

(2) 費用便益分析（Cost Benefit Analysis）

いくつかのシステムの代替案からシステムの目的に照らして効果対費用の分析に基づいて評価する手法である．その際，① いかに目的にかなっているか，② システム開発費・運営費，③ 操作時期，④ リスク・不確定性などが検討される．

効果が将来の期待売上高のように金額で測定できる場合は，効果と費用の差，すなわち利潤として経理的に算出できる。この場合，システムによってもたらされる効果を金額で評価したものを便益（benefit）といい，システムを実現するために使用される資金などすべての資源を金額で評価したものが費用（cost）である。しかし物流システムにおいて費用や便益は必ずしも経理的な計算のみで求められる訳ではない。そのために目的の尺度の決定，企業環境のように定量化困難な部分を十分考慮して代替案を評価することが必要である。

代替案の選定に際して，費用分析と便益分析を通じて各代替案の便益および費用を明らかにしたのちこれら2つの要因を結びつけてシステムの選定を行う。一定の便益の水準を達成するために最小の費用で実行できる方法（便益一定分析）を採るか，一定の費用範囲内で最大の便益を達成できる方法（費用一定分析）を採る2つのやり方がある。一般に企業経営の目的は売上高の拡大および原価の引き下げにあるとされるが，前者は外部からの利益増大に関連し，費用一定分析で測られる。後者は内部からの利益にかかわるので，便益一定分析で測定できる。

費用便益分析の前段としての費用分析は，システムの開発から実用に至るまでの全費用と便益を別々に計算して，異時点のキャッシュフローの価値を一時点に統合することである。その場合，価値を現在に還元する方法を「現価法」といい，価値を将来のある時点で測定する方法を「終価法」という。費用の代数和が同じであってもシステムライフを通じてのキャッシュフローが異なれば総コストは一般に相違する。このようにキャッシュフローの異なるシステムを代替案として，比較するには，システムの将来費用や価値を現在の値に換算しておく必要がある。

$$P = (1+i)^{-n} = S \cdot [S \to P] \text{in} \tag{7.5}$$

$$P = M\{1-(1+i)^{-n}\}/i = M \cdot [M \to P] \text{in} \tag{7.6}$$

ここで，P：現価，S：終価，i：利子率，n：年数，M：年金換算額である。式(7.5)は終価を現価に換算する式で，現価係数（PW, present worth factor 記号 $[S \to P]$in で表す）という。また式(7.6)は年金換算額を現価に換算する式で年金現価係数（SPW, uniform series present worth factor, 記号 $[M \to P]$in）という。

表-7.2.1 価値換算係数一覧

価値換算係数	式	記号	関係式
終価係数	$(1+i)^n$	$[P{\to}S]$in	$S = P[P{\to}S]$in
現在係数	$(1+i)^{-n}$	$[S{\to}P]$in	$P = S[S{\to}P]$in
年金終価係数	$[(1+i)^n-1]/i$	$[M{\to}S]$in	$S = M[M{\to}S]$in
減債基金係数	$i/[(1+i)^n-1]$	$[S{\to}M]$in	$M = S[S{\to}M]$in
年金現価係数	$[1-(1+i)^{-n}]/i$	$[M{\to}P]$in	$P = M[M{\to}P]$in
資本回収係数	$i/[1-(1+i)^{-n}]$	$[P{\to}M]$in	$M = S[P{\to}M]$in

【例】 ある配送センターの荷役設備に関して2種類の仕様がある。設備甲は価格が2 000万円,耐用年数10年である。一方,設備乙は価格が1 300万円で耐用年数5年である。維持費および操業費用は甲乙とも同じであるとするとき,設備投資としてどちらが有利か。ただし計算金利を10%とする。

[解] 両者の耐用年数が異なるので,比較する基準期間を10年として考える。設備甲の現時点での支払いは2 000万円であり,その現価はP(甲) = 2 000万円である。一方設備乙の現時点での支払いは1 300万円であり,5年後に更新するとして,さらに1 300万円支払う。それゆえ設備乙の購入費用の現価 P(乙)は,

$P(乙) = 1\,300 + 1\,300 \cdot (1+0.1) - 5$
    $= 1\,300 + 1\,300 \cdot [S{\to}P]105 = 2\,107$(万円)

したがって,$P(乙) > P(甲)$であるから設備甲が選ばれる。

(3) システムの総合評価

システムの価値,すなわち目的の達成度が最大になるような設計諸元を求めるのがシステム工学である。物流システム設計において諸機能の諸元を,あらかじめ定義されたシステム境界の範囲内で決定することである。システムの価値は種々の観点からなされ,その評価尺度が単一でない場合,評価のために次のような方法がとられる。システムの価値Vは,評価尺度ごとの価値 $V_i (i = 1, 2, \ldots n)$ と,それぞれのウェイト(m_i)の積和 $V = \Sigma m_i V_i$ を最大にする方法である。

経済性評価は,費用対効果をそれぞれの観点により計数により明確にし評価を行うことである。

7.2.3 財務マネジメント(Financial management)

企業経営を別の言い方で表現すると調達した資金の効率的運用ということになる。その資金運用のことを財務活動という。財務活動を行って行くためにはその管理の必要性が生じる。この管理のことを財務管理(Financial management)という。

7.2.4 報奨金(Incentives)

経済行為を推進させる為にモチベーションを向上させるための手段。報奨金に関して，個人，チーム，企業に対して支払われるケースが多々見うけられる。

個人に対する場合，個々の金銭に対する満足度によりモチベーションに違いが現れる。

チームに対する場合，個々の金銭に対する満足度によりモチベーションが違うが，重要なことはその組織を統率するリーダーのリーダーシップに依存する。

企業に対する場合，報奨金の金額が問題となり，その報奨金の金額が企業におけるモチベーションに成り得るかが問題である。

7.2.5 投資(Investment appraisal)

一般的に投資という言葉のイメージにおいて多種多様な印象があると思われる。例えば株式投資，設備投資等が挙げられると思うが，基本的にいえることは投資を行うことにより何らかの経済的メリットが発生することを期待して行う経済行為である。投資の概念は，次の二つに大別できると考えられる。

① 金銭リターンを目的とした投資，これは直接的な金銭における尺度を基準としたもので意味合いとすれば，投資と言うよりむしろ投機的(speculative)な意味合いが強いと思われる。

② 経済的行為を補助するための投資，これは人的投資など直接的な効果の尺度を持たない投資である。

上記に述べた二つの投資概念において重要なことは，投資を行う基本的な経済行為の目標が存在し，それを達成させるために有効な方法であることが重要である。そのためには，投資を行う時期，経済的環境，経済的予測，効率性予測を考えた上で行わなくてはならない。そのため，投資を行うための情報収集が重要とされ，最終的には投資を決定する為の意思決定(decision making)が行われる。

7.2.6 顧客優先

　市場について前提とする消費者主権など存在しない。消費者の購買行動を基にして売れる商品を供給サイドにフィードバックし，確実に売れる商品を店頭に並べることが大切である。小売業の革新性とは，消費者に利便性を提供したり，IT（情報技術）を利用したりすることで製造の現場とのパイプを太くすることである。皮肉なことに，革新的な企業もいつかは既存のシステムになってしまい，ふたたび新たな革新システムにとって代わられる。

7.3　財務諸表

　財務諸表とは，会社の経営成績や財政状況をまとめ，株主や債権者に知らせたり，会社内の経営管理のために，一定の基準に基づいて作成され書類である。具体的な中身は次の通りである。①〜④を計算書類という。

① 　貸借対照表
② 　損益計算書
③ 　株主資本等変動計算書
④ 　個別注記表
⑤ 　事業報告書
⑥ 　附属明細書

事業報告書　会社の状況に関する重要な事項（計算書類およびその付属明細書等の内容となる事項を除く）を記載した書類であり，通常株主総会終了後に全株主に直接送付される。会社法施行規則による事業報告書の記載内容は，次の通りである（施規第117〜127条）。

① 　株式会社の状況に関する重要な事項
② 　内部統制体制等の整備についての決定または決議があるときは，その決定または決議の内容
③ 　持株会社が公開会社である場合には，
　(a)　株式会社の現況に関する事項
　(b)　株式会社の会社役員に関する事項
　(c)　株式会社の株式に関する事項

(d)　株式会社の新株予約権などに関する事項
④　株式会社が会計参与設置会社である場合には，会計参与と当該株式会社との間で責任限定契約を締結しているときは当該契約の内容
⑤　株式会社が会計監査人設置会社である場合には，
(a)　会計監査人の氏名または名称
(b)　各会計監査人の報酬などの額
(c)　会計監査人に対して非監査業務の対価を支払っているときは，その非監査業務の内容など
⑥　株式会社の支配に関する基本方針を定めている場合には，その内容と取り組みの具体的な内容など

附属明細書　貸借対照表，損益計算書，株主資本等変動計算書，個別注記表の内容を補足するために，会社の財産，状況について注意すべき点などを記載した書類である。会社計算規則による附属明細書の記載内容は次の通りである。（会規第145条）
①　有形固定資産及び無形固定資産の明細
②　引当金の明細
③　販売費および一般管理費の明細など

7.4　貸借対照表

　貸借対照表は，会社の財政状態を表す。バランスシート・B/S（Balance Sheet）という。バランスシートは，決算日現在の会社の財産状態を表す一覧表である。
　貸借対照表の左側が資産の部で，流動資産と固定資産（有形固定資産，無形固定資産，投資その他の資産）が記載される。右側には，負債の部と純資産の部があり，負債の部には流動負債と固定負債，純資産の部には，株主資本（資本金，資本剰余金，利益剰余金，自己株式），評価・換算差額等，新株予約権が記載されている。

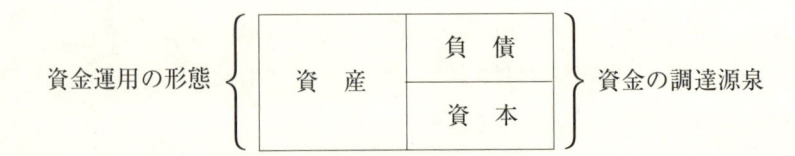

資金運用の形態 { | 資　産 | 負　債 |
| | 資　本 | } 資金の調達源泉

7.4.1　資産と負債・純資産

　銀行預金，有価証券，土地建物などを「資産」という。会社が所有する資産は，バランスシートの左側に記載する。

　右側には，資金の調達先を記載する。銀行から借りた資金を負債の部，株主が出した資金を純資産の部に区分して記載する。

　資産の部には，短期間に換金して現金にすることができる「流動資産」と長期間使用する「固定資産」の2つがある。

流動資産　　現金，銀行預金，商品の販売代金である売掛金，商品在庫である棚卸資産，短期間に資金運用している有価証券が含まれる。換金できるスピードの速い順番に記載される。

固定資産　　本社ビルや工場に利用される土地や建物，機械装置，工具備品などの「有形固定資産」が主となり，その他に，著作権や営業権などの「無形固定資産」，子会社株式や取引先の投資有価証券などの「投資その他の資産」が含まれる。

7.4.2　流動と固定

流動資産　　次のものはすべて流動資産になる。
① 　仕入，製造，販売などの営業目的のもの。
② 　営業上の通常の取引以外の資産のうち，決算日から1年以内に換金されるもの。

具体的には，
① 　当座預金：現金，預金，売掛金，受取手形など。
② 　棚卸資産：商品，製品，半製品，原材料，仕掛品など。
③ 　その他の流動資産：前渡金，短期前払費用，未収益金など。

固定資産　　期限が決算日から1年以上にわたって到来するものは固定資産に分類される。

具体的には，
① 　有形固定資産：建物，機械装置，車両運搬具，土地，工具・器具・備品など。
② 　無形固定資産：特許権，借地権，ソフトウェア，漁業権など。
③ 　投資その他の資産：投資有価証券，関係会社株式，長期貸付金など。

流動負債　　材料や商品の仕入代金の未払残高である買掛金や支払手形，銀行か

らの短期借入金，費用の未払金などで，次のような決算日から1年以内に返済されるものは流動負債になる。

① 支払手形および買掛金：商品や原材料の購入代金の未払残高。
② 短期借入金：銀行から借りた期限1年以内の運転資金。
③ 前受金：製品の販売時点よりも前に販売先から受け取った契約手付金や予約金。
④ その他：法人税の未払額，未払費用，有形固定資産の購入代金の未払金残高など。

固定負債　銀行からの長期借入金，社債，従業員に対する退職給与の積立額である退職給付引当金が含まれる。

7.4.3 純資産の構成

純資産　負債をすべて返済すると仮定する。資産を換金したり売却したりして資金をつくって負債の返済に当てる。こうして残った正味の資産を純資産という。純資産は資本の金額に等しい。

　　　資産＝負債＋純資産
　　　資産－負債＝純資産

具体的には，

① 株主資本：資本金，資本剰余金，利益剰余金，自己株式など。
　資本金とは，会社の設立の際に株主が拠出した資金。資本剰余金には，資本準備金（株式の時価発行に際して資本に組み入れない額）とその他資本剰余金（資本金減少差益，資本準備金減少差益および自己株式処分差益）とがある。
② 利益剰余金：利益準備金，その他の利益剰余金など。
　利益準備金とは，現金配当と利益処分による役員賞与の1/10を積み立てるもの。その他の利益剰余金とは，会社が自ら利益を得た金額のうち，社内留保した部分をいう。
③ 評価・換算差額等：有価証券評価差額金，繰延ヘッジ損失，土地再評価差額金，為替換算調整勘定など。

7.5 損益計算書 (Profit and Loss Statement)

会社が決算日までの1年間に挙げた利益/損失を示す。商品の売上高などの収入を会計用語で収益という。販売までに支出した金額(仕入原価や諸経費)を費用という。

> 利益(損失) = 収益 − 費用

損益計算書は、「経常損益の部」と「特別損益の部」に大別される。「経常損益の部」は更に「営業損益の部」と「営業外損益の部」に分けられる。

損益計算書は、会社の経営活動の種類に応じて、① 売上総利益、② 営業利益、③ 経常利益、④ 税引前当期利益、⑤ 当期利益の5つの利益を計算する。

7.5.1 経常損益の部

営業活動と財務活動は会社が日常的に行っている企業活動である。これらをまとめて経常損益の部という。経常利益は営業活動と財務活動の総合的成績を示す。

● 営業損益の部

営業損益の部に含まれるのは、売上総利益と営業利益である。

> ① 売上総利益 = 売上高 − 売上原価

売上高から製品の製造コストや商品の仕入れコストなどの売上原価を引き、売上総利益を計算する。

> ② 営業利益 = 売上総利益 − 販売費および一般管理費

売上総利益から販売促進や広告などの販売費、本社の経営管理のための一般管理費を差し引いたものが営業利益である。営業利益は営業活動の成果を示す。

● 営業外損益の部

会社は資金の調達や運用を行って、借入金の利息を払ったり、逆に余裕資金を運用して利益を挙げる。このような財務活動による損益は営業損益とは区別して、「営業外損益の部」に入れる。

> ③　経常利益＝営業利益＋（営業外収益－営業外費用）

営業外収益から営業外費用（支払利息）を差し引いて経常利益を出す。

7.5.2　特別損益の部

会社は，土地を売って臨時の収入を得たり，災害による損失を受けたりする。これらは本来の企業目的ではない臨時的に発生するものなので，「特別損益の部」に区分して記載される。

> ④　税引前当期利益＝経常利益＋（特別利益－特別損失）

経常利益に特別利益を加え，特別損失を差し引くと税引前当期利益が得られる。

7.5.3　当期利益

> ⑤　当期利益＝税引前当期利益－法人税および住民税

税引前当期利益から法人税および住民税を差し引いたものが「当期利益」である。これが1年間の儲け（＝利益）である。税金も一種の費用である。

7.6　貸借対照表と損益計算書の作成

4月1日～3月31日の取引内訳が以下の通りであったとして，貸借対照表と損益計算書を作成する。

① 4月1日　資本金1 000万円で会社を設立した
② 4月1日　800万円で車両を現金購入した
③ 当期の発生工事費用（直接原価）
④ 銀行より運転資金用に100万円借入れた
⑤ 事務員の給料6 000円と電話料金10 000円を販売費および一般管理費で計上
⑥ 受取利息100円，支払利息500円。
⑦ 車両の減価償却費10 000円を計上
⑧ 当期の法人税，住民税および事業税として税引前当期純利益の40％を計上
直接原価は次表の通りとする。

	A工事	B工事	C工事	合計
請 負 額	150 000	500 000	200 000	850 000
材 料 費	74 600	192 800	62 800	330 200
労 務 費	30 900	97 400	27 400	155 700
外 注 費	54 100	127 500	55 000	236 600
直接経費	5 260	21 600	4 900	31 760
費 用 計	164 860	439 300	150 100	754 260
工事の完成・未完成	完成	完成	未完成	—

7.6.1 貸借対照表・3月31日の作成

流動資産		流動負債	
現金預金	1 234 340	借入金	1 000 000
完成工事未収入金	650 000	未払法人税等	11 776
未成工事支出金	150 100	株主資本	
固定資産		資本金	10 000 000
車両	7 995 000	利益剰余金	
		利益準備金	17 664

7.6.2 損益計算書・4月1日〜3月31日の作成

完成工事高　（工事完成基準）	650 000
完成工事原価	604 160
完成工事総利益	45 840
販売費および一般管理費	16 000
営業利益	29 840
営業外収益　（受取利息）	100
営業外費用　（支払利息）	500
経常利益	29 440
特別利益	0
特別損失	0
税引前当期利益	29 440
法 人 税 等	11 776
当期利益	17 664

7.6.3 仕訳明細の作成

	借方		貸方	
①	現金預金	10 000 000	資 本 金	10 000 000
②	車　　両	8 000 000	現金預金	8 000 000
③	未成工事支出金	754 260	現金預金	754 260
	完成工事未収入金	650 000	完成工事高	650 000
	完成工事原価	604 160	未成工事支出金	604 160
④	現金預金	1 000 000	借 入 金	1 000 000
⑤	一般管理費	16 000	現金預金	16 000
⑥	現金預金	100	受取利息	100
	支払利息	500	現金預金	500
⑦	減価償却費	10 000	車　　両	10 000
⑧	法人税等	11 776	未払法人税等	11 776

7.6.4 ３月31日の貸借対照表様式の例（単位：円）

貸　借　対　照　表
平成19年3月31日

	科　　目	金　　額
借方	現金・預金	1 234 340
	完成工事未収入金	650 000
	未成工事支出金	150 100
	〈流動資産合計〉	2 034 440
	車両運搬具	7 995 000
	〈固定資産合計〉	7 995 000
	資　産　合　計	10 029 440
貸方	借入金	1 000 000
	未払法人税等	11 776
	〈流動負債合計〉	1 011 776
	〈固定負債合計〉	0
	資本金	10 000 000
	利益準備金	17 664
	（うち当期収支差額）	(17 664)
	〈資　本　合　計〉	10 017 664
	負債・資本合計	11 029 440

7.6.5　4月1日～3月31日の損益計算書様式の例(単位:円)

損　益　計　算　書
自平成18年4月1日
至平成19年3月31日

科　　目		金　　額
収入の部	完成工事高	650 000
	（営業収入）	650 000
	受　取　利　息	100
	（営業外収入）	100
	（特別利益）	0
当期収入合計		650 100
支出の部	材　料　費	267 400
	人　件　費	128 300
	外　注　費	181 600
	経　　費	26 860
	（完成工事原価）	604 160
	人　件　費	6 000
	経　　費	10 000
	（一般管理費）	16 000
	支　払　利　息	500
	（営業外費用）	500
	（特別損失）	0
	法人税等	11 776
当期支出合計		632 436
当期収支差額		17 664

第8章 世代間倫理と建築工務

8.1 建築契約

8.1.1 法令遵守

　社会規範の変化がゆっくりとしているときは，規範は事前規制型の強化で対応し，法令遵守(Compliance)を求める。コンプライアンスは，法律や社会的な常識・通念を厳密に守ることの意味で使われるが，用語辞典によるとコンプライアンスには「～の期待に応える」という意味がある。コンプライアンスは倫理の重要な概念である。

　法令遵守の問題は，不測の事故を隠蔽した瞬間に法令違反となって発生することが多い。起こした事故そのものよりも，その後の対応如何で非難を受ける。事故後の法令違反で企業が危機的状況に陥るリスクは高い。

　不祥事を起こすと会社の存続自体が危うくなる。法令は改正され，内容と運用を変える。法令は常にチェックしておく。そうしないと，違法意識がないままに法を犯すことがあり得る。そのような意味で法令遵守は難しい。

　法令遵守は，法令の現状を知ることと，現状の認識に違法性があるかも知れないと意識することから始まる。リスクを意識しないことがリスクである。リスクは，日常の運用の中に潜んでいる。日常活動の中で法令遵守意識を確立する。

8.1.2 ステークホルダー

　利害関係者のこと。施工管理関係者それぞれに，責任と義務が伴う。

施工主　施工主とは建物を発注する発注者である。施主，建築主ともいう。建物を発注するには，その建物に対する設計業務，および，施工監理等の業務が必要となる。この施工監理業務ができる発注者は非常に少なく，建物の施工監理の

できる専門家に依頼するとか，施工監理ができる会社（設計事務所，ゼネコンの設計部等）に依頼することとなる。依頼するに当たっては，監理できる人，監理できる会社と施工監理についての委託契約を結ぶ。

設計者　設計者は，施工主の委託を受けて設計業務を行うが，それとは別に施工監理の委託契約を結んで，施工業者選定のための見積り業務や競争入札業務を行ったり，見積内容をチェックして，工事金額，施工業者を決める。また，工事契約に立会って，契約書に押印する。工事監理者としての責任を負う。施工中は設計図書どおりに施工されていることの確認のための各種検査，仕上げの材料決め，色決めを行う。工程の進捗状況，設計変更などによって発生する金額の増減に対するコスト監理，竣工引渡しまでの各種完了検査等の監理業務を行う。

施工業者　施工業者は，契約した建物を契約図書どおりに施工するために，業者独自の管理方法で工事のフローに沿って，品質，コスト，工程，安全，環境について施工管理を行う。施工中は施主，設計者と定例打合わせ会等で情報の伝達および報告等を行って，工事の円滑な進行を図る。施工業者は，施工した建物について，材料による不適合，工事による不適合が生じた場合，故意，過失，無過失に係らず瑕疵に対し責任を負う。さらに，設計上の誤りについてもそれを知りながら発注者にそのことを知らせなかった場合，および，保守，管理に対して必要な注意，アドバイスを怠った場合も責任が発生する。

8.1.3　設計業務

設計事務所業務では，企画・調査業務，基本設計業務，実施設計業務，工事監理業務，その他の業務（確認申請業務，住宅金融公庫等の建設資金の手続き，測量，地盤調査，竣工後の検査，耐震検査等）を行う。

設計上の必須事項　設計を行うための必要な事項としては施主の要望としての建物の使用目的，要求性能（建物の規模，耐用年数，建物の仕様と必要設備の仕様等），工事の予算，また設計に必要な法的制約の有無，敷地の状況，地盤の状況，その他（建築基準法以外として電波障害，プライバシー，色彩，日照権，風障害，住民協定，緑化規定，騒音，振動等に対する要求，条件）等がある。

基本設計　基本設計は実施設計を行う前の段階の設計で注文者，その他関係者との検討，打合わせに使用したり，概算金額の算出，おおまかな施工計画の立案等に利用される。基本設計の内容は注文者の要望，法的な事項をクリヤーしてい

なければならない．図面には，平面，立面，断面，仕様(構造共)，外構，主要部分の展開，建具等の図面が含まれる．

実施設計　実施設計では，施工ができる，すなわち，施工図が描ける図面．見積ができる図面で，契約図書を構成する．図面の構成は，建物概要書，特記仕様書，平面，立面，断面，展開，各部位の詳細，建具，家具(備品)，構造，外構，設備(電気，空調，機械，衛生器具，EV 等の昇降機等)等の各図面で成り立つ．この図面をベースに施工図が作成され，施工計画が立案されて建物が施工される．

仕様書　仕様書は建物の工事に対する，図面で表せない内容を文字，数値で表した文書で，品質，性能，成分，精度，製造や施工方法，部品や材料のメーカー，施工業者を指定する．仕様書には共通仕様書，特記仕様書，追加仕様書がある．

① 共通仕様書：一般事項，仮設等の共通工事，資材の品質，施工法，検査，試験方法等のうち各工事に共通的な事項および記載する頻度の多い事項について標準的に示した仕様書．

② 特記仕様書：その工事にのみ適用される事項を記載した仕様書．共通仕様書と併用される場合が多い．共通仕様書と内容が異なる場合は，特記仕様書の方が優先する．

③ 追加仕様書：共通仕様書，特記仕様書に表されていない事項が各作業中に生じた時に追加される仕様書．設計変更，仕様変更が生じた時などに追加仕様が生じる．

工事予算書　当初段階の工事予算金額は，設計あるいは施工を問わず，過去の資料を基にした概算金額である．実施設計が完了するまでは，その建物についての精度の高い工事金額がつかめないからである．実施設計がおおむね出来た時点で，精度の高い工事予算書の作成が可能になる．このことは，工事発注に当たっては，工事予算書の作成作業に要する日数を考慮して工事の入札，発注日を決める必要があることを示している．

工事予算書は発注者の要望に沿って作成するが，概算予算の出し方には，

① 過去のデータと実勢の単価等を考慮して，同種の建物の坪単価を利用して出す．

② 躯体，仕上げ，設備ごとに歩掛で数量をだして単価を掛け金額を出す．

③ 実際に数量を拾い金額を出す方法等がある．

工期　工期については過去の資料，標準工程を基に工程表を作成する。

8.1.4　工事契約

施工方式　施工方式には，ゼネコン単独（一社）施工で，設備工事を含む場合と含まない場合，また，ゼネコン複数社の共同施工・JV（ジョイント・ベンチャー）で，設備工事を含む場合と含まない場合とがある。

請負契約方式
① 一式請負契約と分割請負契約：一式請負契約は，工事の全部を一括して請負う契約である。分割請負契約は，工種によって工事を分割してそれぞれの専門業者に請負わせる契約。
② 単独請負契約と共同請負契約：単独請負契約は，請負人が単独で工事を請負うこと。共同請負契約は，複数社の請負人が共同で工事を請負うこと。これをジョイント・ベンチャー（J.V）という。
③ 定額請負契約と単価請負契約：定額請負契約は，工事費の総額を契約金額として定める契約。単価請負契約は，各職種別部分工事を細かく項目分けした内訳書と単価を提示して，これに発注者の示す数量を乗じて契約金額を決める方式である。これは工事単価を基に請負うものであり数量は概算であるから決定契約金額は変化する。
④ コストオンフィー方式契約：一括発注とは異なって，発注者が専門工事業者と直接に契約して，施工監理者には，工事に関する指導と運営管理を委託して，その経費を施工監理者に支払う方式。設備工事にみられる契約方式。
⑤ 実費報酬加算方式請負契約：発注者（設計を含む）が施工者と打合わせながら材料費，労務費を見積り，工事を実施していく契約方式。施工者は出来高に応じて，打合わせによって決まった報酬を受ける。
⑥ VE型契約：次の三つの形態がある。
・原設計に対して，入札者が改善案を検討して，その内容を盛り込んだ金額で応札する。
・現設計に対して入札を行って，入札金額で落札者を決めた後，入札時に提出された採用可能な改善案を盛り込んで，契約金を決定する。受注者には節減額に応じた額が報奨として還元される。
・契約後のVE提案。契約時の設計図書をもとに受注者が改善案を検討して

提案を行う。受注者には節減額に応じた額が報奨として還元される。

⑦ 性能発注方式：設計施工を前提とした発注方式で，発注者が建築物を発注する際に，発注側の要求事項や制約条件のみを示して発注する。例えば要求事項とは基本プラン，設備，居住性，安全性，耐久性等で，制約条件とは敷地状況，建設費，工期等のことである。

入札　入札の種類として，下記①〜⑧がある。

① 一般競争入札：公入札ともいう。一定の資格者であれば，誰でも入札に参加できる。機会均等，競争の度合いが強い。その反面広告費，入札説明経費の増大，不誠実者の参加等の欠点があり，入札に至るまでに発注者側は十分な準備が必要となる。

② 指名競争入札：一定の資格者の中から工事に見合った数社を選び入札に参加させる。一般競争入札に比べて不誠実，不信用の業者は排除され，手続き，経費の面では有利であるが，競争性が薄らぐ。

③ 設計提案競争入札：発注者の示す概略仕様や基本的な性能，設計等に基づいて，実施設計，施工を一括して発注する方式。発注者が業者の設計案を審査し指名を行う。入札に参加した業者は自らの提案に基づく価格で入札し，その中の最低価格の応札業者が落札する。

④ 技術提案総合評価方式：発注者が工事の特性に応じて技術提案を求め，技術提案と価格を総合的に評価して受注者を決定する。

⑤ 設計提案総合評価方式：選定業者から提出された設計提案と価格を総合評価し，発注者にとって最も有利な提案を行った業者と契約する。

⑥ 随意契約：発注者が信頼できる一社を選び，工事費をお互いに了解の上で決める。手続きが簡単で，時間が節約，経費も少なくて済む。お互いの信頼関係が前提となる。

⑦ 特命発注：民間企業において社会通念上の規範や信義に反しない限りという条件付きで，企業競争の自由，市場選択の自由を前提に，発注者と受注者の二者間で契約する。

⑧ 見積合わせ：発注者が2社以上を選び，見積を提出させ，その内容を比較検討して請負者を決めるもので，特命よりは競争性がある。

ただし，⑦特命発注と⑧見積合わせについては官庁工事では採用されない。

契約書類

① 契約図書：契約書と設計図書を合わせて契約図書という。
- 契約書としては締結契約書,契約約款があり,設計図書としては設計図・設計書,現場説明書,質疑回答書,仕様書等がある。仕様書には,共通,特記,追加の仕様書がある。
- その他に契約に必要な書類として,見積要綱(見積条件),特別な取り決めを定めた覚書の締結,念書,誓約書の差し入れる等がある。
- さらに,契約締結後,施工中に提出したり取り決めしたりする書類として工事内訳書,工程表,工事指示書(および承諾書),打合わせ簿,変更契約書等がある。

② 注文書・請書：主となる工事に付属して出件される小規模工事については,簡単な契約条件を付した注文書,請書を取り交わす。

③ 仮契約書：仮契約書とは,設計が最終決定に至っていないとか,未解決なことがある場合などで,正式な契約書を取り交わせないときに,仮に取り交わす契約書。

なお,書類の優先順位は質疑回答書→現場説明書→特記仕様書→設計図→共通仕様書が一般的である。

契約約款 一般に使用される工事請負契約約款には,公共工事標準請負契約約款(官庁関係建設工事)と民間(旧四会)連合協定工事請負契約約款(民間関係建設工事)がある。

建設業法 建設業法は施工技術者の質の向上・確保を図るために規定された法である。この法のなかで関係者の義務など,倫理にかかわる項目は以下のとおりである。

Ⅰ．注文者の義務
① 不当に安い金額での協力会社との契約の禁止。
② 不当な使用資材等の購入の強制の禁止。
③ 不当な下請代金の不払い禁止。

Ⅱ．元請業者の義務
① 発注者から工事の支払いを受けたら,その工事に係る協力業者の工事に対する相応の支払いを1ヶ月以内に支払わなければならない。
② 元請業者は,協力業者から完成通知を受けた日から20日以内に工事の完

成検査を行い，引渡しを受けなければならない。
Ⅲ．特定建設業者の義務
① 工事代金の支払期日は，工事完成検査後協力業者から工事の引渡しから50日以内に定める。
② 工事代金は，できるだけ現金払いとし，手形のときは120日以内で一般の金融機関で割引きできるシステムとする。
③ 協力業者が労賃の不払いや他人に損害を与えた場合，国土交通大臣または都道府県知事は必要があると認めたときは，特定建設業者に対して労賃や損害額を立替払いする等の措置を勧告できる。
Ⅳ．標識の設置と帳簿の備付け
① 元請業者は，その工事ごと第三者にわかりやすい場所に建設業の許可について掲示する。
② 元請業者は，工事に関する決められた内容の項目についての帳簿，書類を5年間保存しなければならない。
Ⅴ．一括下請けの禁止
請負った工事に対し，発注者の許可なしに一括して別の建設業者に発注してはならない。官庁工事については一括下請けを行うことについてすべて禁止。
Ⅵ．現場の管理者
① 現場代理人：施工業者が現場に現場代理人を置く場合は，現場代理人の権限等について注文者に書面で通知する。
② 主任技術者：元請，協力業者とも工事を施工する場合，専任の主任技術者を置かなければならない。
③ 監理技術者：元請となる特定建設業者は，ある額(建築一式工事では4 500万円，その他工事では3 000万円)以上の工事を協力業者に発注する工事は，専任の監理技術者を配置しなければならない。また，公共工事での監理技術者は，一級の技術検定合格者，技術士，一級建築士等の監理技術者資格者証(有効5年)の交付を受けている者でなければならない。
④ 専門技術者：建築工事業，土木工事業が一式工事を施工する場合，この工事に他の建設工事(例，管工事，電気工事等)が含まれている場合は，それぞれの専門工事について主任技術者の資格を持っている者(専門技術者)をおかなければならない。ただし，一式工事の主任技術者または監理技術者がその

専門についての主任技術者の資格を持っている場合は，その者が専門技術者を兼ねることができる．また，その専門工事について建設業の許可を受けている専門工事業者に下請させる．

⑤ 現場専任制度：公共性のある，建築物で重要な工事においては技術者(主任技術者，監理技術者，専門技術者)を工事ごとに専任しなければならない．

Ⅶ．施工体制台帳

① 特定建設業者が請負った工事の施工にあたって3 000万円(一式工事は4 500万円)以上を協力業者に発注する時は一，二次の協力業者等その工事に係る業者名，また仕事内容，工期等について施工体制台帳を作成し，現場ごとに整備しておく．

　　また，一次協力業者が二次協力業者に再発注する場合わその工事の内容，工期，主任技術者名等を「再下請通知」として，元請である特定建設業者に通知しなければならない．

② 施工体系図の掲示：特定建設業者は施工体制台帳，下請通知書をもとに，各協力業者の施工分担を表示した，表(施工体系図という)を工事現場の見易い所(第三者にも)に掲示しなければならない．

8.2 現場実務・積算・見積

8.2.1 説明責任

社会規範の変化の速度が激しくなって，想定外の事態が起きるようになると，事後制裁型の規範へ向かわざるを得ない．事後制裁に備えるには，きちんとした説明責任(Accountability)が必要である．国際的な基準では，戦争責任にしろ政治的責任にしろ「何かをした」責任が問われる．

「したこと」というのは，中身の良し悪しとは別の次元で，義務を果たした証と評価されるべきものになる可能性さえある．同時に，「何かをしなかったこと＝義務を果たさなかったこと」，すなわち，しなかった責任が問われる．

8.2.2 現場実務

実行予算書　　実行予算(Executive Estimate)は，建設工事の受注獲得後，建設

業者が受注前見積り等を基に作業所の予算管理のためにつくられる予算。その工事に実際に投資する原価等の内訳を指す。受注額と見積り額とを勘案して作成される。(彰国社・建築大辞典)

施主と請負者との間に契約書が交わされる。その契約書に添付されている設計図書を基に机上で建設計画を立案する。その建設計画を実行した場合の想定原価が実行予算とも言える。

工程計画　　工程(Construction Program of Works)は，建設工事における日程。一般に着工日と竣工予定日との間に行うべき各専門工事ならびに主な行事等について，その日程を計画すること。その結果を工程計画と呼び，これを一枚のバーチャートあるいはネットワーク等に表したものを工程表と呼ぶ。(彰国社・建築大辞典)

実行予算は，机上で建設計画を立案する。その際に欠かせないのが工程計画である。まず，一般的な歩掛かりを使った標準工程を作成する。作成した工程が施主の希望する納期に間に合わない場合，再検討して施主の希望する納期に間に合う工程にする。

安全管理　　建設会社は労働安全衛生法により事業者と位置づけられ，現場で働く労働者に対して，快適な職場環境の実現と安全と健康を確保するよう義務付けられている。また，労働安全衛生法により一定の規模を超える作業において労働基準監督署への届出が義務付けられている。計画を立てることにより，労働災害を事前に防ごうとするものである。

机上で建設計画を立案し，工程表に対応した安全に関する項目(重点安全対策項目，労働基準監督署への提出書類等)を工程表に書込んでいき，安全管理工程表を作成する。

材料管理　　建設現場の敷地は限られており，その中で工事を進めなければならないので，現場には限られた在庫しか置くことができない。したがって，必要な材料を必要な時に準備することが現場管理のポイントである。総合仮設計画において，現場内に材料の仮保管場所，材料が必要な場所まで速やかに移動することができる設備を計画しておく。

8.2.3　積算・見積

積算(surveying(英)estimating(米))とは，広義には計算結果を累積していく

こと。狭義には製造費用の事前予測を意味する。建築の分野では設計図書に基づいて建築工事費を計算し予測すること。工事費算出に当たって、建築物の数量拾いに重きを置いた場合を積算といい、値段を出すのに重きを置いた場合を見積という考え方もある。

見積(estimation, estimate)とは、事前にあらましの計算をすること。建築では工事を行う前に工事費の予測をすること、施工者が注文者に対して請負金額の希望額を提示すること。(彰国社・建築大辞典)

数量拾いを基に、それぞれの項目に単価を入れ、積算価額を算出する。見積または値入れという。

単価は、発注者と受注者の立場では異なる。受注者には会社独自の単価、いわゆる社内単価と呼ばれるものがある。

客観的に判断できる資料として多く使用される刊行物には次のものがある。
① 積算資料(経済調査会)
② 建設物価(建設物価調査会)
③ 標準建築費指数および施工単価月報(建設工業経営研究会)

今日の積算は、工事価格の算出だけでなく、設計過程におけるコストプランニング、コストコントロールを含めた建築計画などコストに関するあらゆる業務を含んでいる。

積算の作業工程を**図-8.2.1**に示す。

積算数量　　積算に用いる数量は、設計数量、計画数量および所要数量の3種類が定義されている。

① 設計数量：設計図書に示されている個数、設計寸法から求めた正味の数量をいう。大部分の施工数量が該当し、材料のロス等については複合単価の中で考慮する。
② 計画数量：設計図書には含まれない施工計画等に基づいた数量で、土工数量や仮設の数量等がこれに該当する。
③ 所要数量：市場寸法による切り無駄や、施工上やむをえない損耗を含んだ数量をいう。鉄筋、鉄骨、木材などがこれに該当する。設計数量に割増率を掛けて算出する。

数量算出（単位・端数処理）

① 計測の単位：計測の単位はメートル(m)とする。小数点以下3位を四捨五

8.2 現場実務・積算・見積

```
構造数量拾い
  土工・地業・コンクリート・型枠・
  鉄筋・鉄骨・既製コンクリート

内外仕上数量拾い
  防水・石・タイル・木工・左官・
  ガラス・塗装・内外装

建具関係数量拾い
  木製建具・金属建具

金属・雑数量拾い
  金属・仕上げユニット・
  カーテンウォール・その他

電気設備・給排水衛生設備・
空調設備・昇降機設備・その他
```

→ 数量集計 → 数量書作成 → 値入れ → 積算価額（価格）

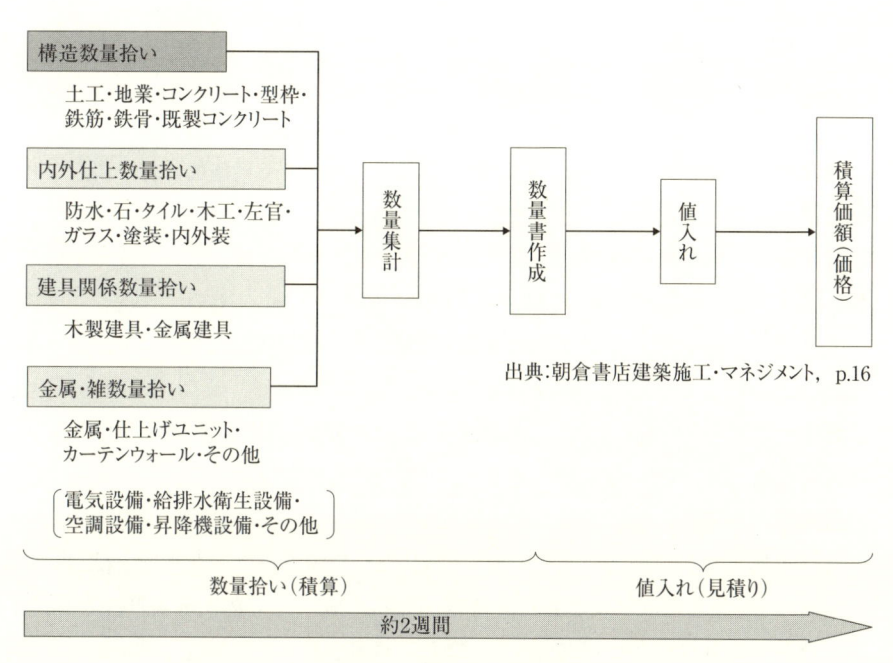

出典：朝倉書店建築施工・マネジメント，p.16

← 数量拾い（積算） → ← 値入れ（見積り） →
約2週間

図-8.2.1 積算の作業工程

入して，小数点以下2位まで表示する。ただし，コンクリート，鉄骨，木材の断面寸法は，小数点以下3位まで計測する。

【例】　315mm　→　0.32m
　　　1842mm　→　1.84m
　　　　53mm　→　1.253m（コンクリート，鉄骨，木材の断面寸法の場合）

② 計算数値の端数処理：長さ，面積，体積の計算数値を求める場合も，小数点以下3位を四捨五入する。同じ数値が数箇所ある場合は次のいずれでもよい。

【例】

5.35m × 7.53m = 40.2855m^2 → 0.29m^2
40.29m^2 × 3箇所　　　= 120.87m^2
5.35m × 7.53m × 3箇所　= 120.8565m^2 → 120.86m^2

③ 価格に対応する数量：計算した数量を「数量書」としてまとめる場合には，小数点以下2位を四捨五入する。ただし，100以上の数値は四捨五入して整数とする。

【例】　1.84　→　1.8
　　　40.29　→　40.3
　　　120.86　→　121

　積算を行う場合には，重複，脱漏を防ぐために順序よく効率的に行うことが必要である。そのためには，建築物を部分や部位ごとに区分し，順序よく行う。
区分と順序：建築物を「躯体」と「仕上げ」に区分し，躯体では，コンクリート，型枠，鉄筋，鉄骨の数量を拾う。順序は次のようにする。
　①基礎→②基礎梁→③柱→④梁→⑤床版→⑥壁→⑦階段→⑧その他（庇，パラペット，土間スラブ）
　仕上げでは，「内部仕上げ」と「外部仕上げ」に大別し，仕上げ表に記載されている部屋ごとに，下階から上階へ進める。

主要単価　　単価，複合単価，合成単価が定められている。
① 単価：材料，施工などそのものの価格をいう。杭・コンクリート・鉄筋・木材・内外装仕上げ材などの材料価格，労務単価，コンクリートの打込み費，建具の取付け費などが該当する。なお，材料価格は，現場渡し価格を原則とする。
② 複合単価：単位量当たりの材料費・労務費・雑材料・機械器具経費・下請経費等の組合わせにより計算される。設計数量・計画数量に対応する。工種別方式のほとんどの細目がこれに該当する。
③ 合成単価：いくつかの複合単価を合成した単価である。主として部分別方式の細目がこれに該当する。

積算の種類　　積算はその目的・内容により精度が異なり，概算積算と明細積算に大別される。
① 概算積算：建築物を企画・計画する際に必要な予算の概略を知る必要がある。そのために，短時間でわかる積算をいう。
　●単位面積（単位容積）当たり：一般的に使用される方法で，計画する建築物の延床面積/容積に，単位面積/容積当たりの実績単価を乗じて算出する方法である。階高がほとんど同じ建築物，例えば住宅やオフィスビルなどでは，面積でも容積でも大きく違わないが，階高が大きく異なる場合には，単位容積当たりを参考にする。
　●単位設備当たり：建築物の収容人数（学校，病院，劇場など）や収容台数（立

体駐車場)がはっきりしたものは，1人当たり，1ベット当たり，1台当たりを単位とする。

② 明細積算：明細積算は，建築物の設計過程や工事過程で詳細な工事費が必要な場合に行う方法である。設計図書に基づき，建築物を構成する各部分の数量をすべて算出し，単価を乗じれば工事費が算出される。

建設工事コストの予測　建物は一般の商品と異なり，定価をつけて販売してはいない。また，買う人は実際の商品を見て買うわけではない。頭の中に思い描いている曖昧なイメージを建築家と話し合いながら図面化していき，自分が使用するときのことを想像しながら企画を進めていく。このとき，思考は，実際に建設コストがいくらかかるかといった現実から遠く離れてしまっている。後で建設に必要なコストを知ってあわててしまうこともよくある。必要資金がふんだんにあれば良いが，そうでない場合の方が多いのではないだろうか。こういったことを防ぐため，コスト予測をする必要がある。

おおまかな工事費の予測としては，

$$(床面積) \times (工事単価)$$

が使われる。工事単価というのは過去に建築した建物の工事にかかった金額を延床面積で除した値であり，大雑把に金額を把握するために用いる。同じ規模の建物について積算・見積した結果を参考にする。工事単価は時期によるだけでなく，用途，物価，資材の需給状況，労務の逼迫状況などさまざまな要因でも変化する。また，日本国内でも場所によって建築工事費は異なり，さらに，時期によって，地域によって異なる。

$$(使用材料の数量) \times (建築工事費)$$

を使った方がより正確な工事費の予測ができる。

8.3　工程管理

8.3.1　倫理課題と技術課題

次のような場合は倫理的な検討を必要とすることが多い。

① 課題の要求内容が曖昧である。議論の出発点を誤っていると後は絶対的に誤る。

② 課題の要求内容が厳密すぎる。論点を都合良くすり替えている可能性がある。
③ 課題に要求される技術が存在しない。しかし，具体的に提示しなければならない。
④ 課題に要求される技術が未成熟である。規準などに制定されていない。まだ，実験・研究段階であるなど。
⑤ 社会がその課題を受け入れるには抵抗がある。法的に整備されていない。
⑥ 課題に対して競合する既存企業があって，その起業からの抵抗がある。
⑦ 課題を展開すると予測できない副次作用が予想される。
⑧ 課題に関係する科学・技術領域が増加する可能性がある。

8.3.2　セーフティキャパシティ

制約条件の理論　　Theory of Constraints(TOC)。TOCの提唱者は，Eliyahu M.Goldratt(物理学者，イスラエル)。全体最適化を狙った経営管理手法で，最も弱い部分＝制約条件を見つけ出し，そこだけを集中して改善し，最大の利益を生み出す。製造工程の中で，一番負荷の高いリソース，つまり，ボトルネックのスケジューリングを慎重に行い，それに合わせて資材投入のスケジューリングを行う。最適化の範囲は，制約条件(＝Constraints)に限定する。TOCにもQCサイクルと同じような次のようなサイクルがある。

① 制約条件を見つける。
② 制約条件の能力を伸ばす。
③ 制約条件以外の能力をすべて制約条件に合わせる。
④ 制約条件の能力を向上させる。
⑤ ある工程の制約条件だけを集中して改善していくうちに，制約条件は他の工程に移る。
⑥ システム全体に変化が起きていないかということに注意を払いながら改善を繰り返す。

セーフティタイム　　Safety Time。多少時間を多めに見積もること。セーフティタイムが多ければ多いほど，スケジュールの信頼性は高まる。しかし，逆にリソースの利用効率は下がる。セーフティタイムを採るとすれば，ボトルネックの直前に取った方が，他の場所で取るよりずっと効果的である。

セーフティキャパシティ　　Safety Capacity。空き能力（キャパシティ）。既存のキャパシティの利用効率を高める。空きキャパシティが少なければ少ないほど，スケジュールはより不安定，つまり流動的になる。

　セーフティキャパシティはトラブルが発生して初めて追加する。つまり追加される作業時間は，正確に必要なだけしか追加されない。緊急なオーダーが入ったときでも，スケジュールに追加するだけで，他の作業に支障を来さないように，ボトルネックには十分なキャパシティをとっておく。ボトルネック対策には，セーフティタイムでなくセーフティキャパシティを用いる。

バッファー　　Bufferとは緩衝システムのこと。サポート業務の人間も含めて全員がバッファーの状況に注意を払う。製造工程のどこかに作業が溜まり始めたら，つまり，仕掛かり在庫が溜まり始めたら，つぎにどうすべきか，まず，バッファーの様子を見る。

　オーダーの納期に合わせて資材を投入する方法をドラム・バッファー・ロープ（Drum-Buffer-Rope）という。面白いのは，早く仕上げるためには資材の投入を遅らせなければならないという結論が出ることである。

8.3.3　工程表

工程管理業務　　工程管理では，工事における工期達成のための工程（＝日程）を管理する。工事全体を所定の工期に間に合わせるため，その工事のなかに含まれている部分ないしは一つ一つの個別（専門）工事の進行や資材の入場を管理する。したがって，管理の対象は工期ではなく，その達成の要因系である工程であり日程である。一般には，全体工期のなかで大きな節目となるような部分工期，例えば，上棟やコンクリート躯体の打ち上がりなどの達成を二次的な目標として上記の管理を行う。(彰国社・建築大辞典)

　工程計画は，以下を目的として行う。

① 　タイムスケジュールの確定：着工日，竣工日，部分竣工引渡し日などの確定。

② 　工事の順序の明確化。

③ 　工程表による工事の準備・手配：資材，工事機械，労働者の予定，各種施工図の予定。

④ 　その他：工事用電力・水の使用予定，工事機械・仮設物の使用予定，見積・

第8章 世代間倫理と建築工務

予算書作成のための資料，工事代金支払い予定の資料。

工程表　　工程表には，管理区域(全体，部分)と管理項目(資材，労働者など)および表記法による種類がある。

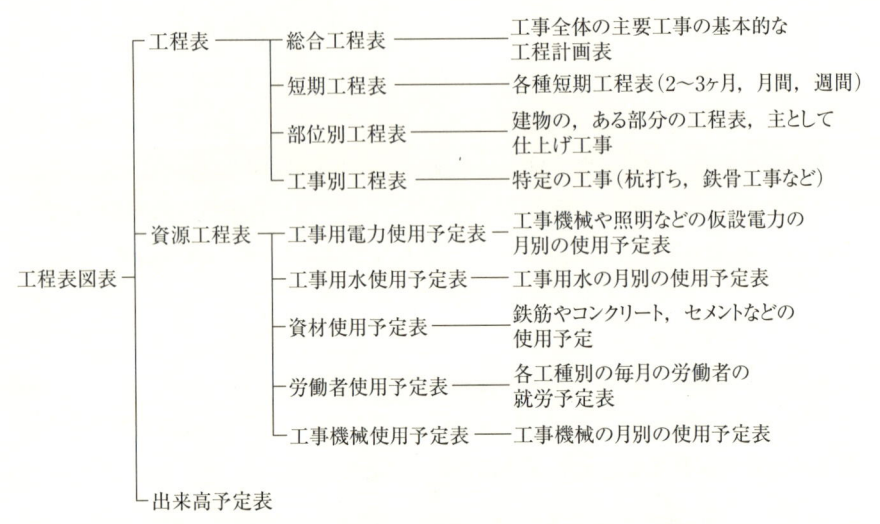

```
                  ┌─ 総合工程表 ──── 工事全体の主要工事の基本的な
                  │                   工程計画表
         ┌ 工程表 ┼─ 短期工程表 ──── 各種短期工程表(2～3ヶ月，月間，週間)
         │        ├─ 部位別工程表 ── 建物の，ある部分の工程表，主として
         │        │                   仕上げ工事
         │        └─ 工事別工程表 ── 特定の工事(杭打ち，鉄骨工事など)
         │
         │         ┌ 工事用電力使用予定表 ── 工事機械や照明などの仮設電力の
         │         │                         月別の使用予定表
工程表図表┤         ├ 工事用水使用予定表 ──── 工事用水の月別の使用予定表
         ├ 資源工程表┤ 資材使用予定表 ──────── 鉄筋やコンクリート，セメントなどの
         │         │                         使用予定
         │         ├ 労働者使用予定表 ─────── 各工種別の毎月の労働者の
         │         │                         就労予定表
         │         └ 工事機械使用予定表 ──── 工事機械の月別の使用予定表
         │
         └ 出来高予定表
```

図-8.3.1　管理区域・項目別による工程表の種類

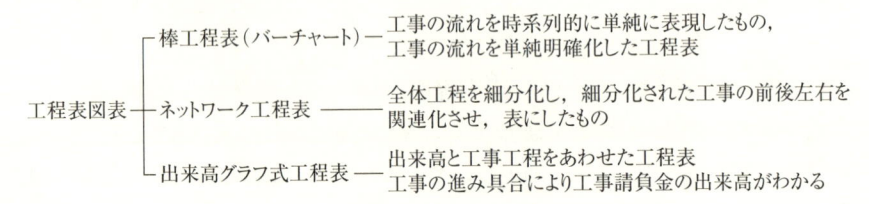

```
              ┌─ 棒工程表(バーチャート) ── 工事の流れを時系列的に単純に表現したもの，
              │                             工事の流れを単純明確化した工程表
工程表図表 ──┼─ ネットワーク工程表 ──── 全体工程を細分化し，細分化された工事の前後左右を
              │                             関連化させ，表にしたもの
              └─ 出来高グラフ式工程表 ── 出来高と工事工程をあわせた工程表
                                           工事の進み具合により工事請負金の出来高がわかる
```

図-8.3.2　表記法による工程表の種類

工程作成要素　　工程の作成には次のような要素を必要とする。

① 1ヶ月の作業可能日数の把握：日・祭日，雨天などの作業不能日数など。
② 各工事種別ごとの数量の把握：型枠・鉄筋の数量，タイル面積など。
③ 投入可能作業員の把握：不足した場合の動員方法。
④ 当該工事における各種労働者の作業能率の把握：例えば，型枠大工の1日の施工面積など。
⑤ 全体的な作業の流れに無理がないか：例えば，工区を分割した場合，各工

⑥ 全工程を組んだとき，予定の工期内で収まるか：収まらない場合は①より再検討を行う。

バーチャート(Bar Chart)　　横線工程表ともいう。横座標に暦日もしくは工事期間等の時間をとり，縦軸に当たる部分に要素工事や各専門工事などを列記し，それぞれの要素工事や各専門工事の実施予定期間を横座標を尺度として線分(Bar)で記載した日程表の一種。

要素工事や各専門工事相互間の関係の表現ではPERTに一歩譲るが，記載や訂正がやりやすいので現在も用いられている。(彰国社・建築大辞典)

週間工程表や月間工程表のように工事内容がそれほど複雑なものでなく，専門業者も互いの工事の関連を把握している場合は棒工程表で十分である。

バーチャートの利点は，ネットワーク工程表に比べて短時間で作成でき，概要を把握する事が容易である。また，縦軸に工事種別，横軸に工期で表現されているため，各工事の専門業者にとって理解することが容易である。

工程管理用の縦軸には工事の準備段階から完成までの作業項目を細大漏らさず詳細に記入する。大体300項目程度になるであろう。したがって，横軸の日付は，半日や1日程度の作業工程まで入ることになる。これを作業の前後関係で結ぶと，遊びのまったくない工程計画ができあがる。契約工期との余裕日程は工程の一番最後に置く。これがセーフティキャパシティである。実際の工事では，トラブルや天候などの影響で工期を予定通りに進めることは難しいが，その遅れはセーフティキャパシティから補充する。契約工期よりも早く完成すれば，施工者のコストパフォーマンスがよくなる。

バーチャートの欠点は，工事工程が複雑になると，各工事の相互関係・従属関係が表現しにくい。各工事の施工速度が適当か判断しにくく，その工事の作業変更が全体工程に及ぼす影響を表現できない。

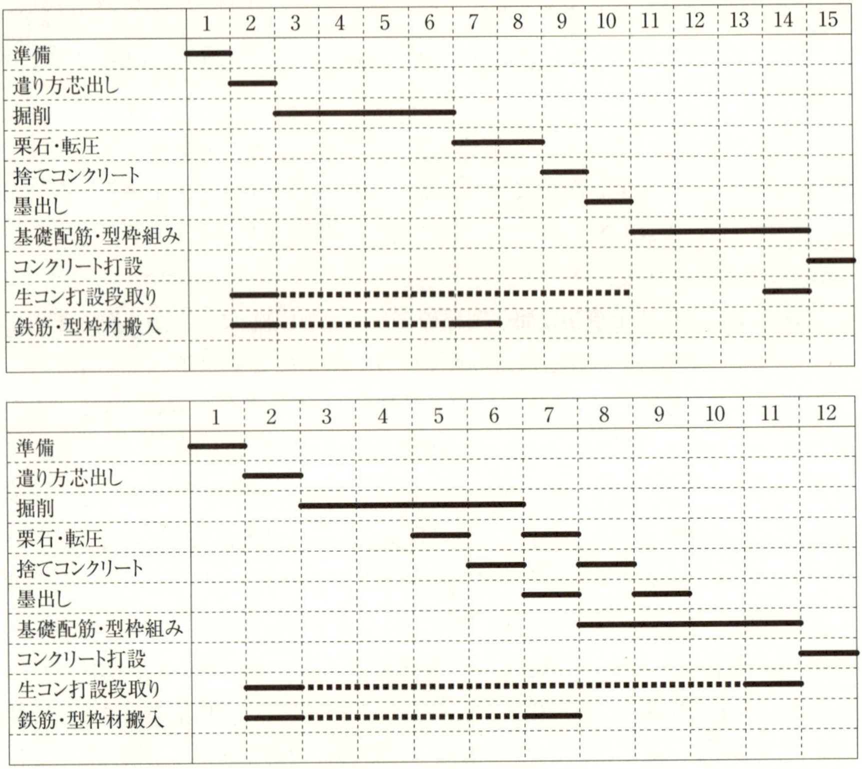

第8章 世代間倫理と建築工務

図-8.3.3 バーチャート

[出典] 朝倉書店建築施工・マネジメント，p.55

Sカーブ工程表　　工期全体を工種ごとの棒で表現した横線工程表をベースとして作成する。毎月の出来高累計を請負金額に対する割合で表し，工程表上に表現した曲線を言う。標準的な工事においては，出来高曲線はS字形となる。

　着工時に作成した出来高曲線と工事出来形から計算する工事出来高を定期的に対比することで，工事の進捗および最終損益を読みとることができる。

8.3 工程管理

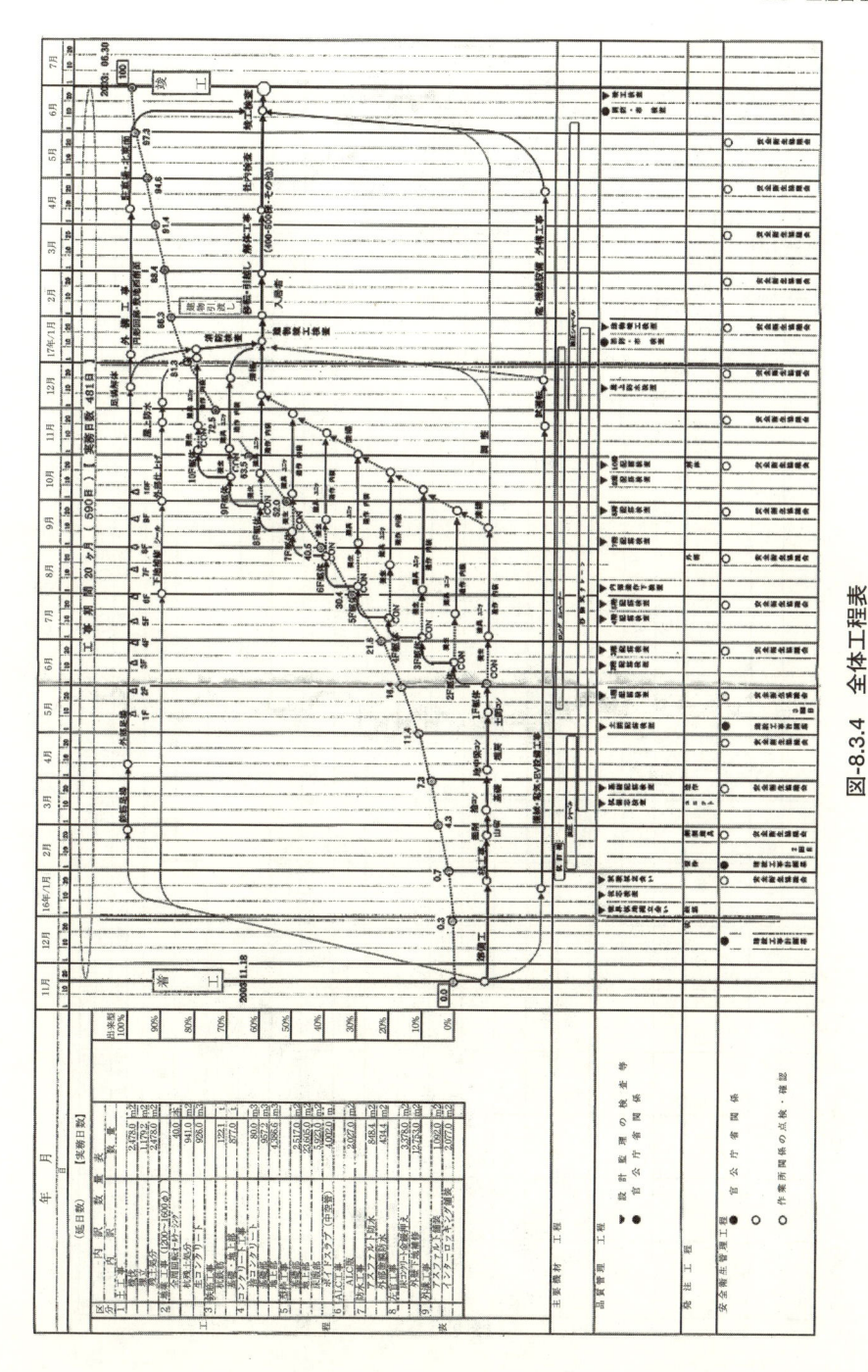

図-8.3.4 全体工程表

第8章 世代間倫理と建築工務

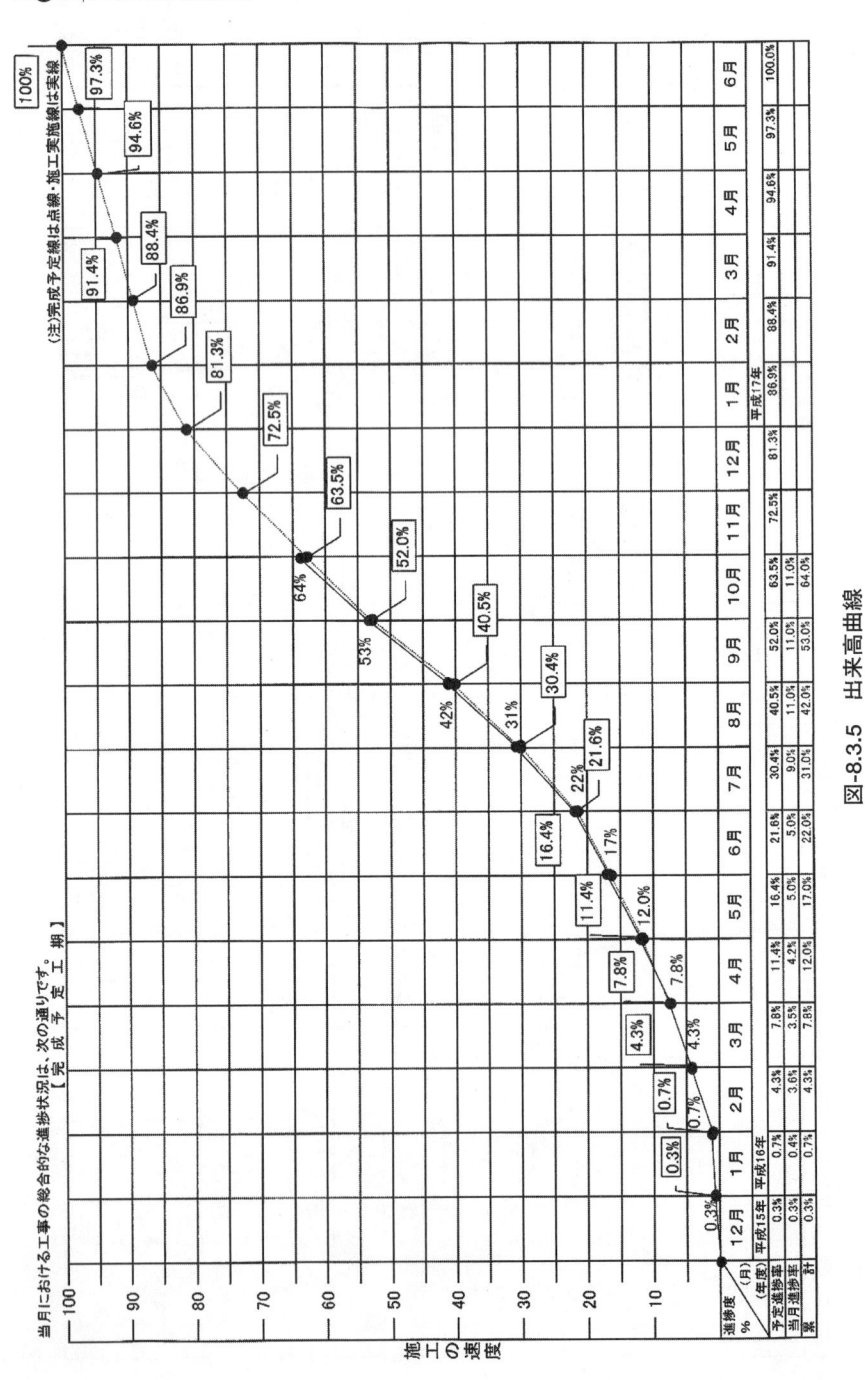

図-8.3.5 出来高曲線

168

8.4 建築災害工程管理

建築災害工程管理は，現場災害リスクマネジメントシステムとして運用するもので，現場における未来予知訓練である．工事種別の標準工程表をもとに，工事の種類ごとの災害発生率，すなわちリスクを求め，標準工程表上で工期1(%)ごとのリスクに換算し，あらかじめ工期のどの時点でどの程度のリスクがあるかを示すことで，作業当日のリスクの程度に基づいた高密度の管理を実現する．具体的には，事故発生の確率が高い日の前日のミーティングでは，

「雨の予報が出ている．クレーンの座りがよくないようだが，大丈夫か」
「鉄板の敷き込みを増やすか」
「ロープで固定して転倒を防止できないか」
「小さなクレーンで置き換えられないか」

明日の工程や，次工程で問題になりそうな点を洗い出して，未然に防止する．

本章では，現場災害管理について，標準化工程を基準とした災害発生率を用いて危険時期の予測を行う．作業当日のリスクについては，2002年の死傷災害発生件数をもとにシミュレーションを行った．結果を木造，鉄骨造，鉄筋コンクリート造，鉄骨鉄筋コンクリート造の構造別に示す．

8.4.1 安全管理と危機管理

不祥事あるいは事故がその原因が何で，何処にあるかによって対応が異なる．不祥事あるいは事故が発生すると予想される場合の事前対応が安全管理（Safety Management），不祥事あるいは事故が発生した後の事後処理が（Risk Manegement）である．

不祥事あるいは事故を検討するとき，安全管理および危機管理の問題と倫理的課題とは区別されなければならない．

安全管理についていうと，事故は，不確実な出来事であり，残念ながらそれを前もってすべてをコントロールすることはできない．事故のリスクに対処するということは，不確実な未来の出来事に対して，その結果を予測しながら自らの対応を今の時点で自らが決断し，不幸な結果の回避のための行動を起こすことである．要は，セーフティマネジメントでは，事故のリスクは不確実であるという前提に立って，それを十分に認識して，気づいた時点での情報を十分に活用して，

考えられる望ましい結果へ向けての対策を講じて，それでも発生するかも知れない最悪事態への対処も考慮して，現時点での行動を決める。

安全管理，若しくは危機管理の課題である可能性を視野に入れて，倫理的課題の抽出については，次のステップで行う。
① 起こったことあるいは起こると思われることを徹底的に調査し整理する。
② 免責と補償についてチェックする。
③ 対費用効果を検討する。利便性・快適性とそれをもたらす技術の危険性とのバランス，および，許容度，つまり，可能な最大限度を越えているか。
④ 事故原因を調査する。不注意なのか，思いもかけぬミスであったのか。
⑤ システムが故障を起こした場合の安全の保障，サブシステムの故障が全体のシステムに影響を及ぼさない，いわゆる，フェールセーフのシステムは作れないか。あるいは，フールプルーフ，つまり，いじくりまわしても危なくないようにできないか。

8.4.2　工事工程の標準化

モデル建築を設定して標準化工程を定める。モデル建築物は，構造別に着工棟数，着工面積の多い階数および用途を基準に設定する。

具体的には，建築着工統計をもとに，木造，S造，RC造，SRC造の構造別に階数別着工面積で最も工事量が多い階数をモデル建築物として設定した。これに，工事標準歩掛り，コンクリートの養生等，施工上の条件を考慮し，全工期を100％とした標準工程表を作成した。

表-8.4.1に設定したモデル建築物の概要を示す。標準工程表は文献を参考にし，複数名の施工管理経験者による修正を行った。

表-8.4.1　モデル建築物の概要

構造	建築規模		用途	備考
木造	地上2階	140m^2	居住用	
S造	地上2階	250m^2	居住用	・杭なし
RC造	地上5階 塔屋1階	1 700m^2	居住用 (集合住宅)	・杭あり ・昇降機あり
SRC造	地下1階 地上12階 塔屋1階	6 000m^2	居住用 (集合住宅)	・杭あり ・昇降機あり

8.4.3 木造

図-8.4.1は，標準工程表上に災害発生率分布と出来高曲線を併記した運用例である。

木造工事では，先ず工期23％の時点に極端なピークを示していることが注目される。このピークは上棟時のもので，上棟作業は短期間での作業であること，床が張られておらず，狭い梁上での施工や移動による墜落・転落災害の危険性が高いことによる。相対的なリスクは，上棟時は全体の約12％で，上棟作業の危険度がきわめて高く，上棟作業を行う日は他の作業を行う日の数倍のリスクがあるといえる。次いで，上棟前の工期21～22％（足場組立）や上棟後の工期24～31％（屋根葺き）の発生率が高い。屋根葺き作業時の災害発生率が高い理由も上棟と同じで，作業足場が不十分であることによる。

木造工事の死亡災害の多くが，上棟作業から屋根葺き作業の間に集中して発生している。上棟と屋根葺き作業が死亡災害，死傷災害いずれのリスクも高く，木造工事で最も注意を要する時期である。この後，工期50％から80％までは発生率が低いが，この時期は屋内造作や外部仕上を比較的安定した作業床が確保され

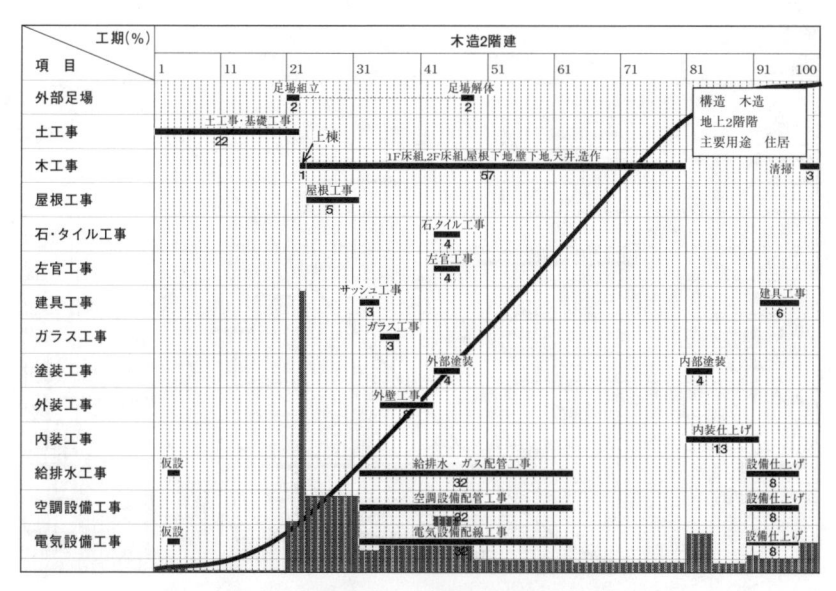

図-8.4.1 災害工程管理の運用例（木造）

た状態で行うことによる危険性の低下や複数の作業が混在していないことによる。

工期80％時点からふたたび発生率が上昇しているが，内部塗装と内装仕上げ作業の重複による危険度の上昇の他，内部塗装作業は脚立などの簡易な足場を用いて行う場合が多く，災害の発生数が増加するものと予想される。さらに，工期終了直前に見られるピークは清掃作業によるもので，内部塗装と同じく簡易な足場で高所の作業を行うことが多いためと考えられる。

8.4.4 鉄骨造（S造）

図-8.4.2は，標準工程表上に災害発生率分布と出来高曲線を併記した運用例である。

S造は，小規模な2階建て住居を想定しているため，杭工事はなく，工期30％までは，土工事（山留め，根切り，埋戻し等），基礎工事（基礎躯体工事）が中心である。

山留めは小規模な工事であるものの，根切り深さ2m内外の小規模で簡易な工事の際の危険率が高いことが近年重要視されるように，土工事，基礎工事中の危

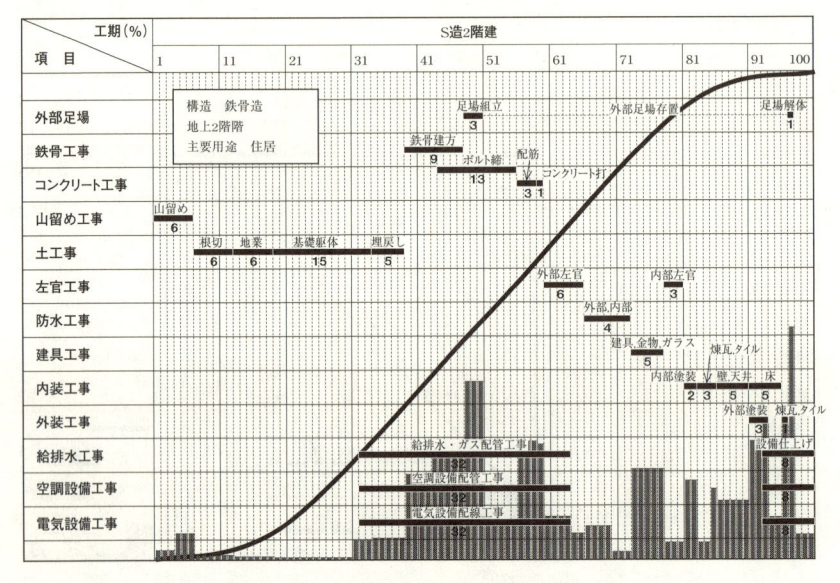

図-8.4.2 災害工程管理の運用例（S造）

険作業である。

　基礎工事終了後は，工期38％時点以降の躯体工事の開始とともに災害発生率が急激に上昇する。工期38％からは，鉄骨建方が行われ，ボルトの本締め作業，仮設足場組立作業も続いて開始され，高所での作業が重複して行われることによる。すなわち，この時期のリスクの上昇は，鉄骨建て方に伴うリスクに，ボルト締めによるリスクが加算され，鉄骨建て方終了後には，足場組立によるリスクがボルト締めによるリスクに加算されてピーク値となる。この工程表では，鉄骨建て方と足場組立が重複しないように計画しているが，実際の工事では，すべてが重複することも予想され，このような場合にはさらにピークが高くなる。

　鉄骨建て方終了後の工期55％以降，配筋，コンクリート打設によるピークがある。このころまでは，作業足場は不安定であるが，コンクリート打設で躯体工事が終了した以後は，作業足場がほぼ確保された状態での床や壁の仕上げ作業となるため，とくに墜落・転落災害，転倒災害のリスクが低下することが考えられ，災害発生率は低い。仕上げ作業時の傾向は，外部の作業での災害発生率が高く，内部の作業では低いという傾向が見られる。工期81～82％，91～93％には塗装作業が行われるが，木造と同様ここでの災害発生率が高い。

　また，工期終了前に最も高いピークが見られる。これは足場解体によるもので，同じ仮設工事で，ほぼ同量の施工を行う足場組立よりも短期間に作業が行われるためリスクが大きくなることがわかる。作業種類別の災害発生総数では，鉄骨建て方が最も多く，足場解体は，足場組立，仕上げ作業総数とほぼ同数であるが，足場解体の工期は短いため，工期1％あたりの危険率に換算することで，足場解体がもっともリスクの高い作業であることが明らかになる。

　これらのことから，鉄骨造では，災害発生率でピークを示す足場解体，鉄骨建方とともに，災害発生率の減少率がとくに小さい内部塗装に重点的な対策が必要である。

8.4.5　鉄筋コンクリート造(RC造)

　図-8.4.3は，標準工程表に2002年の災害発生率分布と出来高曲線を併記したRC造工事での運用例である。

　RC造の工程計画で最大の制約条件は，躯体工事1層(1階)あたりに打設するコンクリート量で，1層あたりのコンクリート打設が1日で施工可能か，複数日

第❽章　世代間倫理と建築工務

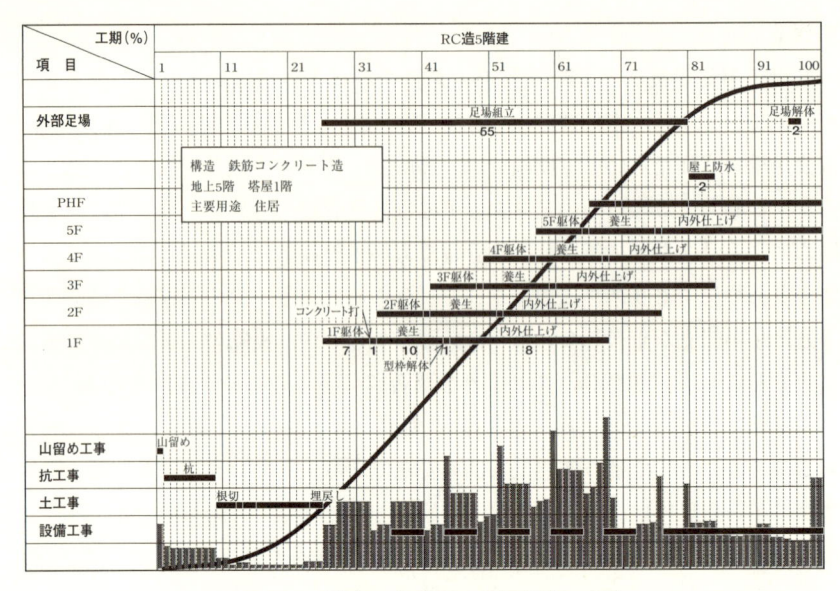

図-8.4.3　災害工程管理の運用例（RC造）

を要するかにより工事区画を行う等の措置が必要になる。

　これ以外の鉄筋加工組立や型枠加工組立は，作業者数の増減で調整が可能である。

　モデル建築物は，5階建て延べ床面積1 700m^{2}の居住用建築物を想定しているが，1階あたりの施工床面積を約300m^{2}とすると，1層あたりのコンクリート量は200m^{3}程度が予想され，コンクリートの打設は1層1日で可能である。RC造の災害発生率分布は，まず，着工直後の山留めでのピークが見られる。

　その程度は構成比でみた場合，ほとんどが全体の平均値を示す1％以下で，山留め終了以後は，1981年，1984年で根切り時に上昇傾向が見られるものの，基礎工事終了後まで最も災害発生率が低い時期となる。

　この後25％時点から災害発生率は急上昇するが，これは，躯体工事開始に伴うものである。躯体工事期間中は，足場組立，鉄筋加工組立，型枠加工組立，設備配管等，複数の作業が同時に行われるため，現場は煩雑した環境となる。

　また，各階の躯体工事は，1作業サイクルで上階の床スラブまでを施工するが，この間の作業床は仮設により保持されているため作業の足場が十分ではない。さらに，RC造やSRC造での足場組立は，木造や低層S造のように全層を先行して

施工することはなく，各階の躯体工事期間の前半で随時行う。このように躯体工事期間中は，危険な条件が多いため災害発生率の最も高い時期となる。

3階躯体工事開始後は，災害発生率が1サイクルごとに上昇し，また，躯体工事1サイクルの期間と同間隔で工期1％の高いピークが見られる。

災害発生率の上昇は，下層のコンクリートの養生期間が終了するとともに，順次サッシ，左官等の仕上げ工事と型枠解体が下層階から開始され，同時作業が増えるためで，躯体工事に伴うリスクに仕上げ工事のリスクが加算されるためである。

ピークは型枠解体によるが，型枠解体は，解体した型枠の搬出作業時に躯体と足場の隙間，作業用ピットの型枠解体，シャフトの型枠解体作業に伴う墜落・転落災害に加えて，型枠運搬時の接触よる災害が多く，とくに短期間の作業となるため明瞭なピークとなって現れる。

躯体工事終了後は，作業の足場が確保されるため，作業用ピットからの墜落や型枠解体による上記事例を除いて危険率の低い作業が中心となる。工事終了直前にピークがあるが，これは，足場解体によるもので，足場解体はS造同様，短期間に大きな災害発生率を示すリスクの高い作業である。

8.4.6　SRC造

図-8.4.4は，標準工程表上に災害発生率分布と出来高曲線を併記したSRC造工事での運用例である。

SRC造の工程計画は，基本的にRC造の工程計画と同じで，RC造の工程に鉄骨工事（建方，ボルト締め等）が追加される。SRC造のモデル建築物は，地下工事を想定しているため，RC造と比較して，1～3％時の山留め，工期6％時の根切り，16％時の切梁解体等躯体工事開始前の仮設工事での災害発生率が高い。

躯体工事開始後は，22％時点からの鉄骨建方，ボルト締めなどの鉄骨工事に関連した災害発生率が高い。鉄骨工事終了後は足場組立によるピークが見られる。

地上躯体の鉄筋コンクリート工事は工期34％から開始されるが，躯体工事はRC造と同じく，鉄筋加工組立，型枠加工組立，設備配管，コンクリート打設等により構成され，災害発生率はこれら個々の災害発生率を累加したものとなるが，鉄骨工事での災害発生率が高いために，躯体工事の災害発生率はそれほど高くは現れない。しかしながら，RC造と同様に，工事が進捗するにつれて，下階

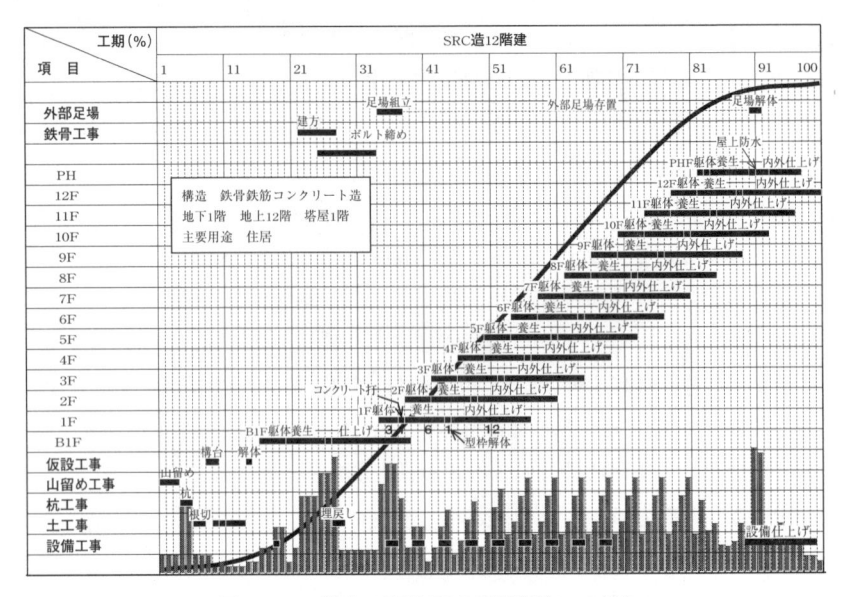

図-8.4.4　災害工程管理の運用例（SRC造）

の内外装工事と上階の躯体作業が同時に進められ，これに伴って災害発生率は上昇する。

またすべての作業が同時に行われる工期56％時点からは災害発生率は横這いになる。さらに各階の工程中にRC造と同じ型枠解体によるピークが見られる。3階躯体工事から5階躯体工事までの災害発生率が一定率の上昇を示し，6階以上は一定の発生率で推移するのは，高層ビル工事の災害発生率の特徴といえる。

本書では12階建てを想定しているが，これ以上階数が増加しても同様の傾向を示すと考え，RC造においても高層になると同様の傾向を示すと予想する。

躯体工事が終了すると，仕上げ作業のみとなり，塔屋のコンクリート打設が終了する工期84％以降での災害発生率は急激に低下する。また，外装仕上げ終了後の工期89％時点からは外部足場解体による最大の災害発生率を示している。外部足場解体はいずれの工事でも高い発生率を示し，とくに注意を要する。

各構造別に工程と災害発生率の関係についての分析結果を示したが，木造が他の構造に比べてリスクが高いこと，それぞれの構造でリスクの高い時期，リスクの程度，さらにリスクの推移を示した。本研究で行った工期，工程を標準化した災害分析手法は，建設工事のリスクを定量的に評価できる手法であるといえる。

あ と が き

　分散型アンボンドプレストレス理論・DUP は，1992 年，オーストラリア・メルボルンで着想した。DUP は面白い構造である。載荷するとポアソン比が始めから 0.5 を越える。補強材のボルトは中立軸に入っているのに，面外方向に 1 000 ガルの加速度に耐える。腐食環境が一定なので錆代でボルトの耐用年数を設計することができる。前のボルトをちゃんと締めておかないと後のボルトが締められないので手抜きができない。それを基礎さえきちんと造れば，後は日曜大工でもつくることができる。素材に煉瓦を使うと，煉瓦は仕上げ材を兼ねることができるので見える構造になる。建築は，下地処理，仕上げ工程というように，必ず隠すプロセスを伴うのであるが，DUP は，構造の透明性を自動的に実現してしまう。
　DUP を用いた構造に凌震構造(Construction Tiding Over Vibration)という名前がつくのは，着想から 10 年後の 2002 年になる。
　1994 年から 96 年にかけて，渡邉俊行(九州大学大学院教授)が中空壁工法・ブリックベニアは結露しないことを明らかにしてくれる。
　その後，1997 年から 2005 年にかけての科学技術振興事業団・JST のプロジェクト研究で，D-BHS 研究が前進する。この間の彼との緩やかな共同研究の経験が，私をして 21 世紀 COE プログラムに取り組ませた。
　21 世紀 COE プログラムは，住空間の持続可能性(Sustainability)をテーマとした。事業推進担当者 22 名，拠点リーダーは私でスタートした。後半を川瀬博(九州大学大学院教授)が担当した。構成メンバー 33 名の拡大したプログラムをまとめあげた川瀬博の功績は特筆される。
　世代間建築の考え方は，D-BHS 研究の延長線上に生まれた。世代間建築構造において，D-BHS 研究を事業化に繋いだのは巻き煉瓦である。
　本書では，巻き煉瓦についてわずかしか触れていないので，ここで少し付け加えておく。
　巻き煉瓦は，小山智幸(九州大学大学院准教授)が開発した材料を用いて実現した。安定化処理石炭灰スラリーという。物性が素晴らしい。吸水率が 20 ％もあ

あとがき

るような煉瓦粗面に付着した厚さ5mmのペースト層がドライアウトしない。乾燥収縮によるひび割れが発生しない。平行平面の型枠から油圧ジャッキで簡単に脱型でき，しかも，その脱型時期がピンポイントでしか存在しないなど，これまでなかった特性を示す。石炭灰スラリーは，主原料である石炭灰が産業廃棄物であること。石炭灰の安定化処理過程において，回収されるフライアッシュマグネタイト，アスファルト原料に転用される濃縮未燃カーボン，また，空気中のCO_2吸収には排出権が設定できるなど，コストパフォーマンスにも優れているので，引き続いての用途開発研究が期待される。

少数意見が必ずしも新しい真理とは限らないが，自然科学であると，社会科学であるとを問わず，最初は必ず少数意見として登場する。新しい真理も最初は絶対的に少数意見である。われわれは，その少数意見が，自然科学では実証されて，社会科学では多くの人に承認されて，法則，定理，通説として確立されることを知っている。学としての世代間建築もまだ生まれたてである。これからの成長が楽しみである。

最後に，本書を執筆するまでの充電の期間も含めて，研究を楽しいと思わせて頂くと同時に，ご指導とご支援を頂いた実に多くの方々に厚くお礼を申し上げます。

それから，技報堂出版・石井洋平編集部長は，私の遅筆をよくまあ辛抱強く待ってくださいました。書くことの意味を教えていただいたように思います。深く感謝します。

2007年11月

松 藤 泰 典

著者紹介

松藤　泰典（まつふじ　やすのり）

1941年	福岡県に生まれる
1964年	九州大学工学部建築学科卒業
1972年	長崎大学工学部助教授
1978年	九州大学工学部助教授
1988年	九州大学工学部教授
2005年	九州大学名誉教授，北九州市立大学国際環境工学部教授
2006年	北九州市立大学国際環境工学部長，同大学院国際環境工学研究科長
専　攻	建築材料学，施工学
著　書	建築構法（共著，理工学社，1981）
	建築材料（共著，コロナ社，1984）
	建築施工・マネジメント（編，朝倉書店，1998）
	建築材料・材料設計（編，朝倉書店，1998）
	建築構法（編，朝倉書店，1998）
URL	http://cpsb.env.kitakyu-u.ac.jp/d-bhs

持続都市建築システム学シリーズ
世代間建築

定価はカバーに表示してあります。

2007年10月30日　1版1刷発行　　ISBN 978-4-7655-2507-7 C3052

著　者　松　藤　泰　典
発行者　長　　　滋　彦
発行所　技報堂出版株式会社

〒101-0051　東京都千代田区神田神保町1-2-5
　　　　　　　（和栗ハトヤビル）
電　話　営　業（03）(5217)0885
　　　　編　集（03）(5217)0881
　　　　ＦＡＸ（03）(5217)0886
振替口座　00140-4-10
http://www.gihodoshuppan.co.jp/

日本書籍出版協会会員
自然科学書協会会員
工学書協会会員
土木・建築書協会会員

Printed in Japan

組版 ジンキッズ　印刷・製本 技報堂

Ⓒ Yasunori Matsufuji, 2007

落丁・乱丁はお取り替えいたします。
本書の無断複写は、著作権法上での例外を除き、禁じられています。

◆小社刊行図書のご案内◆

持続都市建築システム学シリーズ　　　　　　　　　松藤泰典 著
100年住宅への選択
　　　　　　　　　　　　　　　　　　　　　　　　A5・144頁

【内容紹介】住宅の建て替え年数は，ドイツ79年，フランス86年，アメリカ103年，イギリス141年なのに対して，日本は30年と欧米諸国に比べて極端に短いと言える。また，建て替え年数100年の住宅は，建て替え年数30年の3倍を越えており，住宅に関するライフサイクルコストは，単純計算で1/3以下になるというメリットを持つ。本書は，世代間建築の選択肢として，100年住宅を提案するとともに具体例を紹介し，健康と環境に配慮した持続可能なライフスタイルを実現する。

　　　　　　　　　　　　　　　　　　　　　　　　樫原健一・河村　廣 著
木造住宅の耐震設計
―リカレントな建築をめざして―
　　　　　　　　　　　　　　　　　　　　　　　　A5・286頁

【内容紹介】「木造」はリカレント性（循環・再生）の面で優れており，将来的にも豊かな可能性を秘めていますが，耐震性を考えた場合，現状は安全性が十分とは言えません。本書では，在来軸組構法の建物を対象として，耐震安全性についての考え方，現状の問題点や解決策について述べるとともに，「仕口ダンパー」による耐震設計・補強法を具体的に提示しました。仕口ダンパー（制震ダンパー）による補強法は「限界耐力計算」や実験に裏づけられたもので，しかも施工が容易で経済的なすぐれた工法です。もちろん多くの実績もあります。本書はこれらのことを，実務者だけでなく一般の方々にも理解していただけるように，できる限り分かり易い言葉で説明してあります。「わが家」を耐震補強しませんか。

　　　　　　　　　　　　　　　　　　　　　　　　日本建築学会 編
ここが知りたい　建築の？と！
　　　　　　　　　　　　　　　　　　　　　　　　B6・214頁

【内容紹介】建築に関して日頃疑問に思っていることや気になっていることを，専門家に回答してもらおう。こうして，日本建築学会の機関誌「建築雑誌」の誌上で「ここが知りたい　建築の？と！」の連載が始まりました。本書は，この連載記事をとりまとめるとともに，さらに関心の高いと思われるテーマをピックアップし，合計46のQ&Aを掲載しています。

　　　　　　　　　　　　　　　　　　　　　　　　連　健夫 著
心と対話する建築・家
―心理・デザインプロセス・コラージュ―
　　　　　　　　　　　　　　　　　　　　　　　　A5・270頁

【内容紹介】施主との対話：コラージュを用いたデザインプロセスによって，施主の求める建築を生み出すという実践的体験を，作品を通して展開する。その下地として，AAスクールのユニークな建築教育，コラージュを設計プロセスに用いる理論としてのユング心理学，コラージュ療法における創造性を考察する。【主要目次】1.コラージュを用いた設計プロセス／2.AAスクールにおける創造的建築家教育の体験，コラージュとの出会い・表現／3.創造性のメカニズム，コラージュを考える／4.ワークショップとプロセス，その意味／5.建築思潮から「意味の建築」をとらえる。

技報堂出版　TEL 営業 03(5217)0885 編集 03(5217)0881
　　　　　　　FAX 03(5217)0886